Collection

« LES CHEMINS DE L'ÉVEIL »

Dr Joseph Murphy : *Renaître au bonheur. Vers l'épanouissement et l'équilibre.*

Dr Joseph Murphy : *Guérir par la pensée.*

Dr Joseph Murphy : *La Prière guérit. Votre force intérieure de guérison.*

Dr Joseph Murphy : *Comment attirer l'argent. Vous avez le droit d'être riche !*

Dr Joseph Murphy : *La Magie de la foi. Comment réaliser vos désirs.*

Dr Joseph Murphy : *Les Miracles de votre esprit. Votre subconscient a le pouvoir de créer.*

Dr Joseph Murphy : *Puissance de la méditation. « Je suis en Paix ! »*

Dr Mary Sterling : *Les Morts sont toujours vivants. Après la mort… la Vie !*

972

Les miracles de votre esprit

« Les Chemins de l'éveil »

DU MÊME AUTEUR
(chez le même éditeur) :

Renaître au bonheur. Vers l'épanouissement et l'équilibre.
Guérir par la pensée.
La Prière guérit. Votre force intérieure de guérison.
Comment attirer l'argent. Vous avez le droit d'être riche !
La Magie de la foi. Comment réaliser vos désirs.
Les Miracles de votre esprit. Votre subconscient a le pouvoir de créer.
Puissance de la méditation. « Je suis en Paix ! »
L'Énergie cosmique. Cette puissance qui est en vous.
L'Impossible est possible ! La maîtrise de votre puissance créatrice.
La Dynamique du bonheur. Miracles de la pensée positive.
La Paix est en vous. Les lois spirituelles de la vie harmonieuse.

Dr Joseph Murphy.

Docteur Joseph Murphy
(Ph. D.-L.L.D.)

Les miracles de votre esprit

Votre subconscient a le pouvoir de créer

107e mille
Traduit de l'anglais par Mary Sterling

Editions Dangles
18, rue Lavoisier
45800 St-Jean-de-Braye

TITRE ORIGINAL AMERICAIN :

Miracles of your Mind.

Edition originale américaine :

Traduction française :

ISSN : 0247-882X
ISBN : 2-7033-0125-1

La traductrice de cet ouvrage,
Dr Mary Sterling, docteur en
ontologie et psychologie, est la
fondatrice-leader du Centre :

UNITE UNIVERSELLE
22, rue de Douai
75009 PARIS
Tél. : 01 48 74 70 89

Unité Universelle publie chaque
mois une revue.

Consultations sur rendez-vous
(se renseigner au Centre).

Vous serez les bienvenus à la salle
de lecture du Centre,
du lundi au samedi inclus,
de 14 heures à 17 h 30.

CHAPITRE I

Comment fonctionne votre esprit

L'HOMME n'a qu'un esprit, mais cet esprit possède deux fonctions distinctes. Chacune d'elles est caractérisée par des phénomènes qui lui sont propres et chacune est capable d'une action *indépendante,* ainsi que d'une action *synchrone.*

1. Esprit objectif et esprit subjectif

Nous appelons l'une *esprit objectif,* parce qu'elle s'attache aux choses extérieures, et l'autre *esprit subjectif.* L'esprit subjectif est docile ; il est dirigé par la suggestion de l'esprit objectif, ou conscient.

L'esprit objectif – le conscient – prend conscience du monde extérieur grâce à nos cinq sens physiques (vue, toucher, ouïe, goût, odorat) qui lui servent de moyens d'observation. Il est notre guide dans notre relation avec le monde ambiant.

L'esprit objectif apprend par l'observation, l'expérience et l'éducation. La fonction la plus importante du conscient est le *raisonnement.*

Regardez autour de vous, la ville dans laquelle vous habitez ou dont vous êtes proche, et vous parviendrez à la conclusion que c'est une belle ville en vous basant sur votre observation des beaux jardins fleuris, des grands édifices, etc. C'est ainsi que fonctionne votre esprit objectif, conscient.

L'esprit subjectif – ou subconscient – prend conscience du monde ambiant indépendamment des sens ; il perçoit *par intuition.* C'est le siège des sentiments. Nous avons l'assurance indubitable qu'il s'acquitte de ses fonctions les plus importantes lorsque les sens objectifs sont en repos.

C'est l'intelligence qui se manifeste lorsque le conscient est arrêté ou à l'état somnolent. Le subconscient voit sans le secours des yeux ; il possède la *clairvoyance* et la *clairaudience.* Le subconscient peut quitter le corps, voyager jusqu'en pays lointain et en rapporter souvent l'information la plus exacte. A travers le subconscient, nous pouvons lire les pensées d'autrui jusqu'aux plus infimes détails, lire aussi le contenu d'enveloppes cachetées ou encore voir à l'intérieur de coffres-forts.

Le subconscient sait lire les pensées d'autrui sans se servir des moyens ordinaires objectifs de communication. Il est donc de la plus grande importance de comprendre les rapports entre conscient et subconscient, afin de connaître l'art véritable de la prière.

Plusieurs termes désignent l'objectif et le subjectif. On les appelle encore conscient et subconscient, esprit éveillé et esprit endormi, Moi extérieur et Moi intérieur, esprit volontaire et involontaire, masculin et féminin... et par bien d'autres noms encore. Retenez qu'il s'agit toujours des deux fonctions d'un même esprit.

2. Un terreau fertile

Nous avons dit que le subconscient est toujours docile à la suggestion. En fait, il accepte sans discussion toutes les suggestions, mais il répond aussi à nos désirs.

Tout ce qui nous arrive est fondé sur les pensées qui ont été fixées sur le subconscient. Celui-ci accepte toutes nos croyances et convictions sans discussion.

Il est semblable à la terre, acceptant toutes les semences – bonnes ou mauvaises. Souvenez-vous bien que ce que vous acceptez comme étant vrai, *ce que vous croyez,* va être aussitôt accepté par votre subconscient et cela va se traduire dans votre vie par des états, des expériences, des événements correspondants. Or, *c'est par le sentiment que les idées se fixent sur le subconscient* (1).

1. Les italiques sont mises par la traductrice.

3. Le capitaine de notre navire

Voici un exemple : le conscient est semblable au capitaine d'un navire qui dirige son bateau, donnant des ordres aux mécaniciens. Ceux-ci ne savent point où ils vont, mais obéissent aux ordres qui leur sont donnés. Tous perdraient le navire si le capitaine se trompait en se servant de son compas, de son sextant ou de ses autres instruments. Les mécaniciens lui obéissent sans discussion parce qu'il est le capitaine.

Notre conscient est le capitaine, seul maître à bord. Notre corps et toutes nos affaires représentent le navire. Notre subconscient reçoit les ordres que nous lui donnons et qui sont basés sur nos croyances, les suggestions que nous avons acceptées comme étant vraies.

Voici un autre exemple ; si vous répétez : « Je n'aime pas les champignons », lorsque vous en mangez ils vous provoquent une indigestion parce que votre subconscient dit : « Le capitaine n'aime pas les champignons. » Cet exemple vous amuse peut-être, mais il n'en est pas moins l'image exacte des rapports qui existent entre le conscient et le subconscient.

Si quelqu'un dit : « Lorsque je bois du café le soir, je me réveille à trois heures du matin », chaque fois qu'il en boira son subconscient le réveillera pour lui dire : « Le capitaine veut que tu restes éveillé cette nuit. »

Dans les allégories antiques, le cœur est appelé subconscient. Les Egyptiens le savaient, mais le nommaient autrement. Les Chaldéens et les Babyloniens le désignaient également par d'autres noms. Nous pouvons fixer une impression sur notre subconscient et celui-ci exprimera ce que nous lui aurons suggéré. **Toute idée bien sentie sera acceptée par le subconscient.**

4. Guérison mentale

Par exemple, si vous souhaitez une guérison, détendez-vous, respirez tranquillement, immobilisez votre attention et pensez à la puissance curative de votre subconscient ; affirmez que l'organe malade se guérit immédiatement. Pour cela, il faut que votre cœur soit exempt de tout ressentiment, de toute amertume ; il faut que vous pardonniez à tous. Vous pouvez répéter ce processus trois ou quatre fois par jour.

Souvenez-vous que c'est votre subconscient qui a réalisé votre corps et qu'il peut le guérir. Certains, cependant, affirment constamment la guérison d'un organe ou d'un membre, pour dire dix ou quinze minutes plus tard : « Je vais plus mal ; je ne guérirai jamais… Je suis incurable ! » Cette attitude mentale, ces affirmations négatives neutralisent les précédentes affirmations positives.

Si un chirurgien vous opérait de l'appendicite et que, quelques instants plus tard, il vous ouvrait à nouveau le ventre pour voir si tout va bien, pour recommencer à nouveau une demi-heure plus tard, il vous tuerait probablement en provoquant une septicémie. Vous tuez ou empêchez de même votre guérison par vos affirmations négatives.

Nous devons apprendre à nous servir de notre subconscient tout comme on apprend à se servir de l'électricité. Il faut connaître cette formidable puissance, cette intelligence qui est en nous, et nous en servir avec sagesse.

5. Notre allié intérieur

L'importance du subconscient commence à être connue. Certains hommes d'affaires s'en servent avec succès. Edison, Ford, Marconi, Einstein et bien d'autres encore se sont servi de leur subconscient ; il leur a donné la prescience, le savoir-faire pour leurs plus grandes réussites dans les sciences, dans l'industrie et dans les arts.

L'expérience scientifique a démontré que tous les grands savants se sont servis des pouvoirs de leur subconscient pour mener à bien leurs recherches.

Il y a en nous une dynamo des plus puissantes, et nous devons nous en servir. Nous pouvons être complètement débarrassé de toute tension, de tout sentiment d'échec. Nous pouvons découvrir l'inépuisable énergie qui nous habite et qui nous permettra de vitaliser tout notre corps.

Par exemple, Elbert Hubbard (2) déclarait que ses idées les plus importantes lui venaient lorsqu'il était détendu, ou bien lorsqu'il jardinait ou encore quand il se promenait ; c'est alors, lorsque le subconscient est parfaitement détendu, que la sagesse subjective se manifeste.

6. Notre subconscient veille sur nous

Combien de fois vous êtes-vous posé un problème en vous endormant, dont la solution vous est apparue au réveil ? Voilà pourquoi le vieil adage dit : « La nuit porte conseil. » Si vous désirez vous réveiller à sept heures du matin et que

2. Célèbre écrivain et éditeur américain (1856-1915).

vous en donniez l'ordre le soir à votre subconscient, celui-ci vous tirera de votre sommeil à sept heures précises.

Une mère s'endort au chevet de son enfant malade mais, auparavant, elle suggère à son subconscient qu'elle devra s'éveiller si la température de l'enfant monte, s'il a besoin d'un médicament ou bien encore s'il pleure. Un orage peut se produire qui ne la réveillera pas, mais si l'enfant gémit doucement elle ouvrira immédiatement les yeux. Cela est une simple fonction du subconscient.

CHAPITRE II

Le subconscient et la santé

La thérapeutique mentale suscite de nos jours un intérêt mondial croissant. L'homme prend conscience des puissances curatives que détient son subconscient. Il est reconnu que les différentes écoles obtiennent toutes des guérisons remarquables.

1. Le principe curatif universel

La raison en est qu'il n'y a qu'un seul principe curatif universel : *le subconscient,* et un seul processus curatif qui est *la foi.* Voilà pourquoi Paracelse énonçait cette grande vérité : « Que l'objet de votre foi soit vrai ou faux, vous obtiendrez les mêmes effets. »

Le fait est établi que des guérisons par la thérapeutique mentale ont été obtenus par des cultes les plus divers, au Japon, aux Indes, en Europe et sur le continent américain. Vous trouverez de nombreuses théories très différentes les unes des autres et présentant chacune la preuve indéniable de la guérison. Il est évident qu'un principe fondamental leur est commun. Quels que soient le lien ou les moyens employés, il n'y a en effet qu'un principe curatif, et **le processus de toute guérison est la foi.**

Il faut, en premier lieu, se rappeler la double nature de notre esprit. Le subconscient, nous l'avons dit, est constamment docile à la puissance de la suggestion. De plus, il exerce une domination absolue sur les fonctions, les états et les sensations de notre corps.

2. La cause de la maladie réside dans l'esprit

Tous mes lecteurs savent déjà – j'en suis persuadé – que les symptômes de presque toutes les maladies peuvent être provoqués sur un sujet par suggestion hypnotique.

Par exemple, suivant la nature de la suggestion qui lui est faite, un sujet mis en état d'hypnose présentera tour à tour soit une température élevée, avec face congestionnée, soit des sensations de froid.

Expérimentalement, on peut suggérer à un sujet qu'il est paralysé et incapable de marcher ; il sera alors dans l'incapacité de faire un pas. Il est également possible de provoquer la sensation de douleur dans toutes les parties du corps. Si l'on tend à un sujet en état d'hypnose une tasse d'eau froide en lui disant : « Elle est pleine de poivre, sentez ! », il va se mettre à éternuer.

Si un sujet prétend, à l'état normal, que la fléole des prés provoque en lui des phénomènes d'allergie et qu'on lui mette sous le nez, sous hypnose, un parfum synthétique ou quelque herbe inoffensive en lui suggérant qu'il s'agit de cette plante, il présentera tous les symptômes de cette allergie. Cela démontre bien que la cause de la maladie est dans l'esprit ; la guérison peut être mentale également.

3. Le seul guérisseur qui soit

Nous n'ignorons pas que des guérisons remarquables sont obtenues par l'ostéopathie, par la chiropractie, la médecine allopathique et les médecines douces ainsi que par la prière dans les églises des divers cultes, mais nous soutenons qu'elles sont toutes provoquées par le subconscient, le seul guérisseur qui soit.

Voyez comme il guérit la coupure que vous vous faites en vous rasant ; il sait exactement comment il faut s'y prendre. Le médecin panse la plaie et dit : « La nature guérit. » Par *nature,* il entend la loi naturelle, la loi du subconscient. L'instinct de préservation est la première loi de la nature, et votre instinct le plus fort constitue la plus puissante des autosuggestions.

Nous venons de voir que vous pouvez provoquer la maladie dans votre propre corps ou en autrui, par la suggestion, en dépit de vos instincts naturels. Il est bien naturel et bien évident que des suggestions qui s'harmoniseraient aux autosuggestions instinctives auraient plus de puissance encore.

4. Harmoniser conscient et subconscient

Il est plus aisé de maintenir et de restaurer la santé que de provoquer la maladie. La foi qui détermine la guérison est une attitude mentale particulière, un état d'esprit, une certitude intérieure, l'attente du meilleur.

Pour guérir, il est bien entendu souhaitable d'obtenir la foi simultanée du conscient et du subconscient ; toutefois, cela n'est point essentiel si le sujet consent à entrer dans un état de passivité et de réceptivité, en détendant son esprit et son corps jusqu'à la somnolence. Je connais des personnes qui ont complètement nié et la matière et leur corps ; elles ont néanmoins obtenu des guérisons merveilleuses. J'en sais d'autres qui dirent que le monde est réel, que la matière existe ainsi que leur corps ; elles aussi furent merveilleusement guéries.

Le fait est que toute méthode, toute technique, tout procédé qui va provoquer un changement d'état d'esprit, une atmosphère mentale nouvelle est légitime ; des résultats seront certains. La guérison suit la transformation mentale.

Rappelons ce que Paracelse disait : « Que l'objet de votre foi soit vrai ou faux, vous obtiendrez les mêmes effets. » Ainsi, que votre foi soit fondée sur les ossements d'un saint ou sur la puissance curative de certaines eaux, vous obtiendrez des résultats par la suggestion puissante donnée à votre subconscient ; **c'est lui qui guérit.** Et le sorcier, avec ses incantations, guérit aussi par la foi.

Toute méthode qui fait passer de la crainte et de l'inquiétude à la foi et à l'attente du mieux guérira. La vraie guérison mentale scientifique est provoquée par la fonction coordonnée du conscient et du subconscient scientifiquement dirigée.

5. L'état de réceptivité

Cet homme qui obtient la guérison d'une plaie sur sa main en niant l'existence de cette plaie, en niant même celle de son corps, qui déclare que tout ce qui est visible et tangible n'a pas d'existence réelle, peut vous paraître absurde. La question se pose : comment cet autre s'est-il guéri bien qu'il protestât, lui, contre ces négations qui, assure-t-il, font insulte à son intelligence ? La raison en est évidente pour qui connaît le processus du subconscient.

On prie le sujet de détendre son esprit et son corps, de se mettre dans un état de passivité et de réceptivité ; l'action du conscient est alors partiellement suspendue. Il se trouve dans un état de quasi somnolence dans lequel le subconscient est particulièrement docile à la suggestion. Le praticien suggère alors au patient de merveilleuses affirmations de santé qui pénètrent son subconscient. Le sujet s'en trouve grandement soulagé et peut être guéri sur-le-champ.

Le praticien n'est pas gêné par l'autosuggestion contraire du malade, provenant d'un doute objectif sur la science du praticien ou sur le bien-fondé de sa théorie ; dans l'état assoupi, somnolent, où se trouve son conscient, la résistance est réduite au minimum et les résultats sont certains.

6. Un seul et même processus de guérison

Beaucoup prétendent que leur théorie est la seule bonne parce qu'elle donne des résultats. Nous venons de montrer dans ce chapitre que cela ne peut être exact. Vous le savez, les moyens de guérir sont multiples. Mesmer – et bien d'autres depuis – disait qu'il guérissait en projetant un certain fluide magnétique. D'autres survinrent qui taxèrent cette méthode d'absurdité, affirmant que la guérison est affaire de suggestion.

Tous : psychiatres, psychologues, ostéopathes, chiropracteurs, médecins ainsi que tous les ministres des diverses Eglises… se servent de l'unique puissance curative universelle qui se trouve dans le subconscient. Chacun veut que la guérison soit due à *sa* théorie. En fait, le processus de la guérison est une attitude mentale bien définie, positive, une certitude intérieure, une façon de penser qui se nomme **la foi.** La guérison est due à une attente pleine de confiance qui impressionne puissamment le subconscient, déclenchant son pouvoir curatif.

Un individu ne guérit pas par un pouvoir qui diffère de celui d'un autre. Il est vrai qu'il peut avoir *sa* théorie et *sa* méthode propres, mais il n'y a qu'un processus de guérison, la foi ; il n'y a qu'une puissance curative, notre subconscient. Choisissez la théorie et la méthode que vous préférez, si vous avez la foi vous pouvez être certain d'obtenir des résultats.

7. La thérapie par la prière

Dans le *Los Angeles Examiner,* il y a quelque temps, John McDowell décrivit des tests qui furent faits à l'Université de Redlands sur la thérapeutique de la prière, sous le titre : « Les tests psychosomatiques révèlent la puissance de la prière. » Il écrit : « Le docteur William R. Parker, âgé de 37 ans et qui dirige la clinique, révéla aujourd'hui, pour la première fois, que la thérapeutique de la prière avait donné des résultats favorables et rapides sur un groupe de vingt malades atteints d'arthrite, de tuberculose, d'ulcères ainsi que de désordres de la parole.

« Ces malades, qui consentirent à se soumettre à la thérapeutique de la prière en même temps qu'à la thérapeutique psychologique en groupe habituellement appliquée à la clinique de l'Université, ont fait plus de progrès que les malades uniquement soumis aux soins habituels. Par exemple, un malade atteint d'ulcère à l'estomac, soumis uniquement au traitement conjugué de la psychologie et de la prière, a déclaré que depuis trois semaines tous les symptômes de son mal avaient disparu. »

« Un professeur de l'Université de Redlands, affligé presque toute sa vie d'un bégaiement prononcé et qui avait résisté à des années de traitements divers, ne présente plus aucune trace de ce désordre après six mois de thérapeutique de la prière.

« Un autre professeur, atteint de tuberculose et obligé, il y a un an, d'arrêter son activité, est de retour à son poste, apparemment guéri. Son phtisiologue, ayant fait une analyse de ses crachats, constata qu'elle était négative et conclut à une erreur. Il en fit immédiatement une deuxième qui fut négative également.

« Le docteur Parker – qui est docteur en psychologie et non en médecine – insiste sur le fait que la thérapeutique de la prière n'est point panacée de charlatan, mais l'emploi scientifique de la prière avec ses effets sur le subconscient.

« Le subconscient, aux yeux de la médecine psychosomatique qui en est encore au stade de pionnier, est le point de départ de bien des afflictions humaines, y compris l'arthrite, l'asthme, le rhume des foins, la sclérose en plaques, la tuberculose, les ulcères et l'hypertension.

« D'après la théorie psychosomatique, si âprement discutée par le corps médical, ces maladies commencent par des désordres fonctionnels dans le subconscient pour devenir des maladies organiques que les médecins soignent en s'attaquant aux symptômes plutôt qu'à la cause. Selon le docteur Parker, la thérapeutique de la prière est une tentative psychosomatique de s'attaquer aux causes de ces désordres dans le subconscient.

« La peur, la haine, les sentiments de culpabilité et d'infériorité sont les quatre causes essentielles des perturbations du subconscient. Au cours des expériences faites à l'Université de Redlands, ces désordres fondamentaux sont tout d'abord décelés au moyen d'une série de tests psychologiques que l'on fait passer aux malades participant aux recherches.

« Ultérieurement, les malades se rencontrent une fois par semaine, pendant une réunion qui dure une heure et quart, pour se concerter sur leurs problèmes. Au cours de ces réunions, chacun d'entre eux reçoit une enveloppe cachetée qui contient le rapport d'un aspect préjudiciable de sa personnalité mis en évidence par les tests. Rentrés chez eux, les malades ouvrent leur enveloppe et soumettent à l'action quotidienne de la prière le défaut qui leur est révélé, jusqu'à la prochaine réunion.

« Une seule obligation : chaque patient doit prier régulièrement tous les soirs avant de s'endormir. Nous insistons sur la prière au moment de l'endormissement parce que la dernière chose à laquelle on pense en s'endormant est celle qui est le plus susceptible de pénétrer dans le subconscient, dit le docteur Parker. Celui-ci – qui éprouva d'abord sur lui-même ses théories sur la prière lorsqu'il fut atteint d'ulcères, il y a trois ans – dit que la plupart des malades doivent apprendre à prier.

« A la clinique, on leur enseigne la prière positive, tout en soulignant l'importance de l'amour du prochain et d'un concept élevé de Dieu et de l'univers.

« Nos prières ne mendient point la santé, mais *affirment la guérison* du désordre en des termes positifs, répétés, qui finissent par pénétrer profondément dans le subconscient et font corps avec le sujet. Ainsi, par la prière les éléments destructifs dans le subconscient peuvent être attaqués, puis finalement surmontés, et les causes des maladies éliminées.

8. Le silence de guérison

Au Wilshire Ebell Theater où je prends tous les dimanches la parole devant une assistance considérable, nous observons un silence dit « Silence de guérison ». Je commence par demander à mes auditeurs de se détendre complètement, physiquement et mentalement. Cela a pour but de calmer le conscient, ce Thomas incrédule (1), afin d'introduire une idée nouvelle – telle que la santé, la paix, la joie ou encore l'abondance – dans l'esprit réceptif de mes auditeurs. Ceux qui

1. Allusion au disciple qui exigea de voir le Christ pour croire en sa résurrection (N.d.T.).

en sont imprégnés vont alors provoquer en eux-mêmes une guérison ou une réponse à leur prière. Telle est l'action cinétique du subconscient. Des lettres pleines d'expressions de gratitude attestent l'excellence des résultats obtenus tous les dimanches.

9. La coopération du subconscient

Je voudrais souligner ici quelques-uns des facteurs importants relatifs aux processus du subconscient. Un homme vint me demander un jour pourquoi, bien qu'il se répétât : « Je n'ai pas mal à la tête », la douleur ne le quittait jamais. C'est que le subconscient n'accepte pas facilement cette contradiction : il n'accepte que ce que l'on croit, que ce que l'on sent être vrai ou possible.

Si, mentalement, vous acceptez la possibilité de la réalisation de votre idée, le subconscient va alors entrer en coopération. Pour impressionner le subconscient, il faut obtenir cette coopération ; si vous parvenez à le convaincre que vous n'avez pas la migraine, la migraine disparaîtra.

Voici ce que je suggérai à ce malade : « Déclarez : "Ça passe", en le répétant tranquillement, paisiblement. » Je lui expliquai qu'ainsi il parviendrait mieux à impressionner son Moi profond et sage, son subconscient. Il ne tarda pas à obtenir le résultat souhaité et il ajouta alors : « Cela ne se reproduira plus. » Et depuis des années il n'a plus jamais eu de ces migraines dont il souffrait fréquemment. Auparavant, il attendait sa migraine tous les mardis et dimanches.

Ce sentiment était de l'autosuggestion négative qui impressionnait le subconscient, lequel – docile – obéissait et déclenchait la migraine au moment prévu, disant en quelque sorte : « C'est aujourd'hui mardi, le capitaine veut sa migraine ! » La contre-suggestion abolit la suggestion négative.

Voici un autre exemple : une jeune femme remarquablement intelligente vint me trouver, il y a quelques années, se plaignant d'un psoriasis qui disparaissait lorsqu'elle appliquait un onguent pour reparaître dès qu'elle cessait les applications. Cette dame n'éprouvait aucun ressentiment envers quiconque ; très croyante, elle semblait parfaitement équilibrée. Au cours de notre conversation, je découvris qu'elle vivait dans la crainte de nouvelles crises. Elle impressionnait ainsi puissamment son subconscient qui réagissait alors en conséquence. Deux ou trois fois par jour, cependant, elle affirmait : « Je suis un être sain, pur et parfait ; mon épiderme est sain, je suis guérie »... et n'obtenait aucun résultat. Il est aisé de comprendre pourquoi. Chaque fois qu'elle disait : « Mon épiderme est parfait », cela provoquait dans son esprit une opposition, quelque chose en elle disait : « Non ! Ton épiderme n'est point parfait ! »

Voici la technique qui fit merveille dans ce cas. Cette dame répéta pendant cinq ou dix minutes trois ou quatre fois par jour : « Mon état s'améliore », ce qui ne provoquait aucun antagonisme entre son conscient et son subconscient, et les résultats ne se firent point attendre : le psoriasis disparut et ne revint jamais. Je suis persuadé qu'elle cessa de se suggérer une récidive (« Ce que j'ai tant redouté m'est arrivé (2). »).

10. Faire confiance

Faites confiance au subconscient pour vous guérir. C'est lui qui fit votre corps et il en connaît tous les processus, toutes les fonctions. Il sait bien mieux que votre conscient comment vous guérir, comment vous rendre un équilibre parfait. Le subconscient – qu'on appelle parfois le Moi profond – en sait plus long sur votre corps que tous les sages du monde entier.

N'essayez jamais de le forcer, de le contraindre, ce qui ne signifie pas que ceux qui disent : « Je suis sain, pur, parfait » n'obtiennent pas de résultats ; ils en obtiennent dans la mesure où ils par-

2. Job, III, 25.

viennent à se convaincre eux-mêmes. La foi aveugle donne des résultats qui sont dus à la foi subjective de l'individu.

Un psychologue de mes amis m'a raconté qu'un de ses poumons étant atteint de tuberculose avec radiographie et analyses à l'appui, il affirma tranquillement tous les soirs en s'endormant : « Chaque cellule, chaque nerf, chaque muscle de mes poumons sont en ce moment purifiés, fortifiés, perfectionnés... Tout mon corps est rendu à la santé et à l'harmonie. » Ce ne sont point là ses paroles exactes, mais l'essence de ce qu'il disait. Environ un mois plus tard, il était complètement guéri ; une nouvelle radiographie en apportât la preuve.

Voulant connaître sa méthode, je lui demandai pourquoi il répétait ces mots avant de s'endormir. Il me répondit : « L'action cinétique du subconscient continue pendant toute la période de sommeil, et il convient donc de donner au subconscient une bonne besogne à accomplir en s'endormant. » Réponse sage. En suggérant l'harmonie et la santé, cet homme se gardait de nommer son mal.

11. En toute simplicité

Je vous conseille vivement de cesser de parler de vos maladies et même de leur donner un nom. Votre attention et votre crainte les nourrissent. Devenez – comme mon ami le psychologue – un bon chirurgien mental : vos maladies seront tranchées comme sont élaguées les branches mortes des arbres. Si vous nommez constamment vos maladies et vos symptômes, par la loi même de votre propre esprit vos images mentales prendront forme, telle « la chose que je redoutais tant ».

La technique pour impressionner le subconscient est la suivante. Il s'agit essentiellement d'obtenir de lui qu'il accepte la demande formulée par le conscient. Cette transmission s'accomplit le mieux dans l'état de rêverie, de demi-somnolence. Vous savez que dans votre être profond, votre subconscient, se trouvent l'intelligence et la puissance infinies. Réfléchissez calmement à ce que vous désirez et voyez-en la réalisation complète, commençant immédiatement. Soyez comme cette petite fille qui, atteinte d'un très gros rhume compliqué d'une angine, répétait avec fermeté : « Ça passe maintenant, ça passe maintenant... » Et cela passa en une heure environ ! Servez-vous de cette technique en toute simplicité, en toute naïveté (3).

En vous servant de votre subconscient, vous n'impliquez aucune opposition, vous ne vous servez point de votre volonté. C'est de votre imagination et non de votre volonté qu'il s'agit. Vous imaginez la fin, l'état de libération. Votre intellect essaiera de s'interposer ; persistez à maintenir une foi simple, une foi d'enfant, la foi qui réalise les miracles.

---

3. « Si vous ne changez et ne devenez comme des petits enfants, vous n'entrerez pas dans le Royaume des Cieux » (Matthieu, XVIII, 3) (N.d.T.).

Imaginez-vous libéré de votre maladie ou de votre problème, imaginez ce que seront vos sentiments lorsque vous aurez obtenu cette libération à laquelle vous aspirez.

Et soyez simple : la simplicité est le plus sûr moyen d'arriver à vos fins.

12. L'action coordonnée

Souvenez-vous que le mécanisme organique de votre corps reflète l'action coordonnée du conscient et du subconscient, c'est-à-dire du système nerveux *volontaire* (système cérébro-spinal) et *involontaire* (système sympathique). Ces deux systèmes peuvent fonctionner séparément ou en synchronisation ; le nerf vague les relie.

Lorsque vous étudiez le système cellulaire et la structure des organes, vous constatez qu'ils consistent en un groupe de cellules possédant une intelligence collective par laquelle ils fonctionnent ensemble, pouvant recevoir des ordres et les transmettre de façon déductive, obéissant à la suggestion du conscient. Voilà pourquoi l'intelligence collective des poumons répondit aux suggestions constructives, positives, du psychologue dont nous parlions tout à l'heure.

Le but de cet ouvrage est de découvrir le mystère des fonctions de l'esprit afin d'en mieux connaître le mode opératoire. Dans l'état de détente, le subconscient se met à l'œuvre selon les suggestions données par le praticien. L'action cinétique de l'esprit entre alors en jeu par le truchement du nerf vague. Entre l'état de sommeil et le réveil, l'esprit se dégage de ses liens matériels et des limitations du temps et de l'espace, revendiquant sa liberté naturelle.

13. La clairvoyance

Le docteur Evans, disciple de Quimby (3), était capable de suspendre la fonction de son propre conscient, sans

3. Quimby (1802-1866) est le père de la métaphysique moderne (N.d.T.).

toutefois perdre la conscience du monde extérieur et, par illumination intérieure, il faisait le diagnostic des maladies que présentaient les sujets qu'on lui amenait.

La clairvoyance est l'un des pouvoirs du subconscient qui permit à Quimby, au docteur Evans, et à bien d'autres, de voir clairement la structure interne de l'homme, la nature et l'étendue de la maladie ainsi que ses causes, ce qui leur fut d'une aide précieuse pour guérir leurs patients. L'explication de la cause mentale et émotionnelle des maladies en fournit, dans la plupart des cas, la solution. Voici le processus habituel :

– Examiner le problème.
– En remettre la solution au subconscient qui, seul, la connaît.
– Se détendre dans la conviction profonde que tout est accompli.

14. Votre sentiment est le maître

N'affaiblissez pas votre traitement en disant : « J'espère que je vais guérir ! », ou bien : « Je vais aller mieux ! » Les cellules de votre corps vont fidèlement suivre le plan tracé par votre conscient et transmis au subconscient. *C'est votre sentiment qui est le maître.* Cultivez donc celui de la santé, de l'harmonie. Ayez l'intelligence de consentir à devenir le véhicule de la puissance curative infinie du subconscient.

L'échec a pour cause deux raisons : manque de confiance et trop d'efforts. Faites votre suggestion au subconscient jusqu'à la conviction, puis détendez-vous. Détachez-vous de vous-même. Par la détente, vous impressionnerez votre subconscient, permettant ainsi à l'énergie cinétique contenue dans la suggestion de s'imposer jusqu'à la réalisation concrète.

L'étude attentive d'un organisme unicellulaire nous montre ce qui se passe dans notre corps. Bien que l'organisme unicellulaire n'ait point d'organes, il n'en présente pas moins l'évidence d'action et de réaction cinétique accomplissant les fonctions fondamentales : mouvement, alimentation, assimilation et élimination.

Les travaux du docteur Alexis Carrel sur le cœur des poussins ont démontré que la vie fonctionne même dans un organisme incomplet.

15. Le corps à l'image de l'esprit

Le corps de l'homme est à l'image de son esprit. Nos pouvoirs réels résident dans le subconscient dont personne ne connaît tous les rouages. Certains prétendent qu'il existe dans le corps une intelligence qui en prend soin si on ne la contrarie pas ; cela est vrai, mais la difficulté vient de ce que justement le conscient s'interpose toujours, poussé par le témoignage des sens se basant sur les apparences extérieures. Cela a pour effet de placer cette intelligence sous la domination de fausses croyances, de craintes ou d'opinions fallacieuses.

Lorsque ces erreurs et ces craintes s'enregistrent dans notre subconscient, conditionnant celui-ci psychologiquement et émotionnellement, il ne peut qu'accepter ce qui lui est présenté.

Votre Moi travaille sans cesse pour le bien général, reflétant le principe de l'harmonie universelle. Etudiez les ouvrages de Edison, Carver, Einstein et de bien d'autres savants qui, n'ayant pas été déformés par une trop grande culture académique, surent tirer de leur subconscient des trésors de toute nature. **Donnez à votre foi une raison d'être.** Vous n'irez pas bien loin si vous ne croyez qu'en ce que vous voyez. Je ne vois point d'amour, mais je le ressens ; je ne vois point de froid ou de chaleur, mais j'y suis sensible. La foi subjective est souvent plus grande dans le corps malingre d'un poète que dans le corps robuste d'un athlète. Notre plus grand défaut est le manque de confiance dans le pouvoir du subconscient. Apprenez à connaître ce pouvoir.

A quoi vous sert-il de savoir qu'en principe vous êtes parfait si vous ne pouvez faire la démonstration de cette perfection ? La clé de la guérison, c'est le sentiment profond de la conscience du Moi.

Cependant, les résultats obtenus ne prouvent pas l'authenticité scientifique de la méthode employée. Je connaissais un brave homme auquel on conseilla, pour se débarrasser d'une verrue, de faire tourner sept fois au-dessus de sa tête une patte de lapin. Il le crut, le fit et sa verrue tomba ; la patte de lapin n'y fut pour rien, bien sûr, mais la loi du mental agit. La disparition de la verrue fut l'effet, provoqué par les causes : l'acceptation du traitement recommandé, la foi dans sa réussite.

Si vous êtes tendu et anxieux, votre subconscient est incapable de vous venir en aide.

16. Décrétez la santé

Souvenez-vous que votre subconscient est véritablement toute-puissance et toute sagesse, qu'il sait comment guérir tous les organes de votre corps aussi bien qu'ordonner toutes vos affaires. Décrétez la santé et votre subconscient l'établira, mais la détente est *sine qua non.* Ne vous souciez pas des détails et des moyens, voyez le dénouement. *Sentez* l'heureuse solution de votre problème, que ce soit un problème de santé, de finances, de situation... Souvenez-vous du bien-être que vous éprouvâtes en vous relevant d'une grave maladie. Souvenez-vous bien que c'est ce que vous ressentez profondément qui se réalisera.

Votre guérison, votre réussite doivent être ressenties subjectivement comme étant accomplies, non pas dans l'avenir, mais *immédiatement.*

L'un de nos étudiants, qui suivait les conférences sur «les Miracles de votre esprit», souffrait de troubles oculaires graves. Son médecin disait qu'une intervention chirurgicale était nécessaire. Nous lui enseignâmes à répéter comme une berceuse une courte affirmation de guérison, facilement retenue par la mémoire.

Chaque soir, cet homme, avant de s'endormir, se mettait dans un état de détente et de méditation voisin de la somnolence. Son attention immobilisée et fixée sur son médecin, il imaginait celui-ci devant lui et l'entendait nettement, en imagination, lui dire : «Un miracle s'est produit!» Il répétait cela pendant environ cinq minutes chaque soir avant de s'endormir. Trois semaines plus tard, il alla voir son ophtalmologiste qui, après l'avoir examiné, lui déclara : «C'est un miracle!» Que s'est-il passé?

Le malade avait impressionné son propre subconscient, se servant de son médecin comme d'un moyen de se convaincre. Par la répétition, la foi et l'attente confiante, il imprégna son subconscient. Or, celui-ci a créé les yeux ; lorsque l'idée de la perfection lui fut présentée, il ne tarda alors pas à guérir ceux de cet homme. Et cela est encore un autre exemple des miracles dont votre esprit est capable !

CHAPITRE III

Le subconscient et l'alcoolisme

L'ALCOOLIQUE est un malade mental et doit être traité comme tel. L'alcoolique chronique boit pendant des jours, des semaines et même des mois, sans arrêt. Il dit que le désir de boire s'empare périodiquement de lui. Il est la victime d'une habitude ; ayant répété tant de fois les gestes qui mènent à l'ébriété, il a établi un prototype subjectif dans son subconscient.

Ayant cédé à sa passion, l'alcoolique redoute d'y succomber à nouveau ; cette crainte contribue à ses chutes répétées qui sont dues aux suggestions faites à son subconscient.

1. L'imagination est reine

C'est son imagination qui pousse l'alcoolique à retomber dans la boisson par intermittence. Les clichés qui ont été imprimés sur son subconscient portent leurs fruits. Il se représente une réunion pendant laquelle des verres sont vidés ; puis la sensation de bien-être, de détente et de joie que va lui procurer l'alcool.

S'il ne met un frein à son imagination, il va se précipiter dans un bar ou chez le marchand de vin.

L'ivrogne fait effort et se sert de sa volonté pour surmonter son penchant funeste, sa « malédiction » comme il dit. Mais plus il se sert de sa volonté, plus il fait d'efforts et plus il s'enfonce dans les sables mouvants.

Invariablement, l'effort se déjoue lui-même, provoquant toujours l'opposé de ce que l'on souhaite. La raison en est évidente : la suggestion que constitue le sentiment d'impuissance à surmonter l'attirance vers l'alcool domine l'esprit ; or, le subconscient est toujours commandé par l'idée dominante ; il accepte la plus forte de ces deux propositions contradictoires.

Nous allons, dans ce chapitre, étudier la meilleure méthode : celle du moindre effort.

2. Les souffrances mentales

On dit d'un alcoolique : « Un seul verre et le voilà perdu ! » Selon toute probabilité, il va continuer de boire jusqu'à sombrer dans l'inconscience. Pourtant, il se fait à lui-même et fait à autrui toutes sortes de promesses : « Jamais plus ! » dit-il, mais on connaît le proverbe qui se rapporte à ces serments.

L'alcoolique devient la proie de terribles sentiments de culpabilité, de remords et de honte ; de plus, il est physiquement une « épave ». Pourtant, le moment vient où, au moins temporairement, il est contraint de s'abstenir de boire.

Ses souffrances mentales et physiques sont affreuses. Ses mains tremblantes, ses mouvements convulsifs révèlent le trouble profond de son esprit ; il est souvent atteint d'insomnies. Presque toujours, ses amis et sa famille elle-même se détournent de lui ; il perd son prestige, le respect d'autrui et sa situation. Maintes fois, l'alcoolique devient un menteur invétéré et, fréquemment, il vit d'expédients.

Pourquoi en est-il arrivé là ? Quelle est la cause de cette déchéance ? Qu'est-ce qui incite tel citoyen distingué, jouissant de la considération générale, à boire et à s'abaisser au niveau d'un animal sauvage ?

Les raisons habituelles que donne un alcoolique sont nombreuses et variées. Voici les plus courantes : complexe d'infériorité, sentiment de manquer d'affection, peur, sentiment d'insécurité, celui d'être au-dessous de sa tâche, craintes inexplicables, peur de la vie, des responsabilités… et bien d'autres prétextes encore.

Si vous êtes alcoolique, réfléchissez à ceci : combien de mois et combien d'argent vous a-t-il fallu pour devenir un alcoolique invétéré ? Peut-être un an et une très grosse somme, sans compter un effort considérable… Si je vous démontre que c'est ce que vous pensez qui est la cause réelle et à laquelle vous avez donné un nom d'emprunt, tel celui de *complexe de rebut* par exemple, que diriez-vous ?

3. Vous êtes la cause

Mais si je vous révèle la cause de votre triste penchant, cela ne vous en guérira pas ; pourtant, il existe un moyen de vous rendre à la sobriété, à la paix de l'esprit, à une existence normale. Ce que je vais vous dire contredira peut-être vos théories les plus chères : **la cause de votre ivrognerie, c'est vous,** c'est votre attitude mentale aigre envers la vie.

Ce sont *vos* pensées, *vos* sentiments, *vos* convictions, c'est ce à quoi vous consentez qui détermine votre univers. Par votre univers j'entends votre corps, vos affaires, votre réaction à la vie, votre santé, l'état de vos finances... tous les aspects de votre existence. Votre habitude de boire est fonction de votre attitude mentale. Vos pensées prennent corps et déterminent votre réaction mentale envers la vie, les êtres et les choses.

Les pensées que vous entretenez dans votre esprit engendrent des sentiments. Votre attitude mentale habituelle vous apporte la détresse ou le bonheur, la santé ou la maladie, le succès ou le profond sentiment de défaite, un esprit équilibré ou un état de tension et d'anxiété. Vos pensées font de vous un ivrogne ou un être suprêmement sobre.

Notre mission et notre but, dans cet ouvrage, sont de vous enseigner le fonctionnement de votre subconscient qui est la source de la sagesse et de la puissance. C'est la dynamo psychologique la plus puissante qui soit. Votre subconscient exprime ce que vos pensées impriment en lui. *Tel vous pensez et sentez, tel vous êtes dans toutes les manifestations de votre vie.* Répétons-le, les pensées que vous déposez dans votre subconscient sont les causes de votre ivrognerie ; ne les cherchez donc pas ailleurs.

Cessez dès cet instant de blâmer les autres et de prétendre qu'ils sont responsables de votre disgrâce. Je connais les alibis courants : « Je ne puis m'entendre avec mon mari, ou ma femme... Je n'ai jamais eu de chance... Mes parents ne me désiraient pas... Je souffre d'un complexe d'infériorité... J'ai perdu toute ma fortune... J'ai perdu toute ma famille dès mon plus jeune âge... »

Je souligne à nouveau ceci : **vous êtes la cause de votre mal** qui est dû à la qualité de vos pensées et de vos convictions au sujet de la vie, des êtres et du monde en général. Toutes vos pensées, pendant un temps donné, ont été absorbées par votre subconscient qui s'est ensuite exprimé selon les images déterminées par ces pensées.

4. Ne pas fuir l'évidence

Apprenez à connaître la source infinie de puissance curative qui vous habite, le subconscient. Si vous êtes alcoolique, admettez-le, ne vous dérobez pas à l'évidence. Beaucoup de personnes restent alcooliques parce qu'elles refusent de l'admettre.

Votre maladie est une instabilité, une peur profonde. Vous vous refusez à faire face à la vie et essayez d'échapper à vos responsabilités par la bouteille. Il est à remarquer chez un alcoolique qu'il n'a point de libre arbitre, bien qu'il croie en avoir et s'en vante. L'ivrogne dit bravement : « Je ne toucherai plus à l'alcool », mais il est incapable de tenir parole parce qu'il ne sait sur quoi l'étayer.

L'alcoolique vit dans une prison psychologique qu'il s'est lui-même construite ; il est lié par ses convictions, ses opinions, sa formation et les influences de son milieu. Il est, comme la plupart des gens, une créature d'habitude. Il est conditionné pour réagir comme il le fait.

Il lui faut imprimer l'idée de liberté et de paix dans son esprit afin que son subconscient en soit pénétré. Celui-ci étant tout-puissant le libérera de tout désir envers l'alcool ; c'est alors que, connaissant le processus de son esprit, il est à même de confirmer ses résolutions et d'en faire la démonstration.

5. Le désir de guérir

Nous avons dit que le subconscient est conditionné par nos convictions et nos habitudes. Si l'alcoolique est animé d'un ardent désir de se guérir, il l'est déjà à moitié. Lorsque son désir de guérir sera plus fort que celui de continuer à boire, il n'aura pas trop de difficulté à atteindre la libération complète.

Il lui faut **reconditionner son esprit.** Il existe pour cela des moyens : lorsque vous pensez le bien, le bien s'ensuit ; lorsque vous pensez le mal, le mal apparaît. Voilà des exemples simples des lois du mental. Si un homme se complaît mentalement dans le chagrin, il va rencontrer le chagrin et la tristesse tout autour de lui ; s'il entretient des pensées de paix et de succès dans les affaires, la paix et le succès seront son partage. Connaître les possibilités de ces lois mentales, c'est être rempli d'une inspiration et d'une foi nouvelles.

L'alcoolique apprend ainsi que toute pensée sur laquelle s'attarde son esprit va être amplifiée par lui. S'il fixe son esprit sur le concept de libération de son mauvais penchant et sur la paix intérieure – et qu'il le maintienne dans cette direction nouvelle – il engendre des sentiments, des émotions qui, graduellement, dramatiseront le concept de libération et de paix.

Toute idée profondément sentie est acceptée par le subconscient et se matérialise.

6. Aucune souffrance n'est vaine

Il faut que l'alcoolique comprenne qu'il ne souffre pas en vain, et que de sa souffrance peut naître le bien ; mais pourquoi la prolonger ?

Continuer à boire ne le mènera qu'à une déchéance mentale et physique plus grande encore. Qu'il commence à dire « Non ! » dès maintenant à la tentation. Qu'il prenne conscience de ce que la puissance de son subconscient le soutient. Si vous êtes alcoolique, quand bien même vous seriez saisi par la dépression et le tremblement, commencez d'imaginer la joie et la libération qui vous attendent ; cela est la loi de substitution.

C'est votre imagination qui vous poussa à boire ; laissez-la vous mener a présent vers la liberté et la paix de l'esprit. Vous souffrirez un peu, mais ce sera dans un but constructif, telle la mère qui endure les douleurs de l'enfantement et, comme elle, vous enfanterez un enfant de l'esprit. Votre subconscient donnera naissance à la sobriété.

7. Commencez à diriger votre vie

Que vous le sachiez ou non, vos pensées vous dominent. Vous savez à présent que votre subconscient accepte sans discussion les pensées que vous imprimez en lui. Vous pouvez donc commencer à diriger votre vie. *Discipliner votre esprit* veut dire penser constructivement et harmonieusement.

Votre maladie, appelée alcoolisme, est mentale ; elle est due au désarroi mental, à la pensée désordonnée. Par le fait de la répétition et parce qu'il a pris l'habitude de compter sur le pouvoir de l'alcool, l'ivrogne construit dans son subconscient un prototype qui détermine une tendance subconsciente vers l'ébriété.

Après le premier verre, ce n'est plus un irrésistible appétit physique ; c'est purement une impulsion de subconscient qui a pour origine le fait que vous avez installé dans ce subconscient un barman qui dit, après le premier verre : « Prends-en un autre… Prends-en encore un ! »

Effet d'une trop longue habitude et de la suggestion, ce « Prends-en encore un ! » s'est profondément gravé dans votre subconscient. Cet état ne vous force pas à boire, mais à continuer de boire *après* que vous avez pris le premier verre. Ce premier verre est le signal donné au subconscient lequel, par longue habitude, a installé ce barman subconscient qui gouverne vos actions.

L'alcoolique n'a pas su réaliser ses aspirations, c'est toujours un vaincu. Il ne sait pas qu'il existe un pouvoir qui lui permettrait d'atteindre son but et de mener une vie pleine et heureuse. Il est depuis trop longtemps victime de la conviction qu'il est incapable de s'exprimer comme il le souhaite. Sa défaite le pousse à boire anormalement ; toute semence (les pensées sont des semences) porte des fruits qui lui sont semblables. Le subconscient qui fait boire notre alcoolique peut aussi le guérir et le délivrer.

8. Ne pas rester un vaincu

Voici une technique bien définie qui vous permettra de vous libérer de cet esclavage ; il s'agit d'appliquer une loi psychologique qui vous donnera la paix de l'esprit.

Premier pas : asseyez-vous dans un fauteuil, ou bien étendez-vous sur un divan ; détendez-vous en vous suggérant le bien-être pendant quelques minutes et entrez dans un état de somnolence. En cet état détendu, calme et réceptif, vous savez que vous allez maintenant vous servir d'une formule de suggestion qui va pénétrer votre subconscient et vous libérer.

Deuxième pas : dites alors à votre subconscient : « Je suis délivré de cette habitude, j'ai la paix de l'esprit. » Prenez conscience du sentiment de joie que vous allez éprouver lorsque vous serez délivré. Prolongez cet état pendant au moins cinq minutes.

Troisième pas : imaginez qu'un être qui vous est cher se trouve devant vous, vos yeux étant fermés ; cela pourra être votre compagnon, votre enfant ou bien un médecin dévoué... Entendez cette personne vous dire : « Je vous félicite ! », phrase qui évoque et implique à vos yeux la sobriété complète et la paix de l'esprit, autrement dit la *délivrance*. Répétez cette phrase en imagination de nombreuses fois, jusqu'à ce que vous obteniez une agréable réaction, une réaction qui vous satisfasse.

Si vous vous endormez lorsque vous vous recueillez ainsi pendant la journée, soyez assuré que vos efforts ne sont pas vains. Je vous conseille de recommencer cet exercice deux ou trois fois par jour. Le soir, reprenez comme une berceuse, en vous endormant, ce « Je vous félicite » qui implique votre complète guérison. Cette pensée va pénétrer votre subconscient et tout désir de boire vous quittera.

9. La force de l'image mentale

Cette technique n'est ni chimère ni songe creux ; cela ne le devient que si vous ne croyez pas à la réalité de votre image mentale. Si, après vous être ainsi suggestionné, le doute, la crainte ou la dépression frappent encore à votre porte, rappelez-vous la discipline mentale à laquelle vous vous êtes soumis quelques heures plus tôt. Vous avez alors planté une semence qui est en gestation dans votre subconscient, dans les profondeurs de votre esprit, et qui ne peut manquer de porter ses fruits.

Vous savez que vous êtes en train de vous servir d'une loi psychologique et que la graine que vous avez semée va porter les fruits de votre conception mentale. Prenez bien garde à ne pas déranger cette graine par des pensées négatives, de crainte ou de désespoir. N'exposez point le film sensible qu'est votre subconscient aux images de la pensée négative. Lorsque le doute, la peur, l'inquiétude ou la dépression s'emparent de vous, rappelez-vous tranquillement que vous avez photographié une image qui est en train de se développer dans votre subconscient.

L'un des cas les plus graves d'alcoolisme que j'aie vu en trente-cinq ans s'est guéri par cette méthode simple. J'avais dit à cet homme de répéter le mot « Délivrance » en s'endormant chaque soir. Le premier soir, il se le répéta pendant environ une demi-heure. Il s'éveilla complètement guéri et, à présent, il enseigne aux autres les lois de l'esprit.

Croyez en votre cinéma mental ; les résultats ne tarderont point !

CHAPITRE IV

Le subconscient et la richesse

LORSQUE les affaires vont mal, que les cours de la Bourse sont en baisse et qu'ils perdent leurs placements, la plupart des gens se désespèrent ; c'est qu'ils n'ont point conscience de moyens d'existence invisibles. La raison de leur sentiment d'insécurité est qu'ils ne savent pas se servir de leur subconscient, et ignorent leur inépuisable réserve intérieure.

1. La destinée de l'homme n'est point dans l'indigence

Celui qui accepte l'idée de la pauvreté se trouve démuni ; un autre, dont l'esprit est rempli d'idées d'opulence, s'attire tout ce dont il a besoin. La destinée de l'homme n'est point dans l'indigence. Il a la possibilité d'être riche, de posséder tout ce qui lui est nécessaire et plus encore. Ses paroles ont le pouvoir de nettoyer son esprit des idées fausses et de leur substituer des idées justes.

Je me suis entretenu, depuis trente-cinq ans, avec bien des gens ; leur plainte habituelle est la suivante : « Il y a des semaines et des mois que je déclare être riche, prospère, et il ne se passe rien ! » J'ai découvert que lorsqu'ils disent : « Je suis prospère, je suis riche », ils ont en même temps le sentiment de se mentir à eux-mêmes.

Par exemple, un homme me dit : « J'ai affirmé, jusqu'à en être fatigué, que je suis dans l'abondance. Tout va plus mal. Je savais, au moment où je faisais mes affirmations, que de toute évidence cela n'était pas vrai. » Les affirmations faites de cette façon sont rejetées par le conscient, et c'est l'opposé de ce que ces personnes affirment et revendiquent qui se manifeste. L'autosuggestion est surtout efficace lorsqu'elle est spécifique et ne provoque point de conflit mental ; voilà pourquoi les déclarations de cet homme aggravèrent son cas ; elles lui suggéraient sa pénurie. Le subconscient n'accepte que nos convictions et non point des mots ou des affirmations. L'idée dominante – le sentiment profond – est toujours acceptée par le subconscient.

2. Mettre fin au conflit intérieur

Pour ceux qui se trouvent dans cette difficulté, voici le moyen de mettre fin au conflit intérieur ; répétez fréquemment, plus particulièrement avant de vous endormir : « De jour et de nuit, je suis enrichi dans toutes mes entreprises. » Aucun antagonisme n'est provoqué parce que cela ne contredit point l'impression de pauvreté précédemment acceptée par votre subconscient.

Voici ce que j'ai conseillé à un industriel dont les affaires étaient au plus bas et qui était extrêmement soucieux. Je lui ai recommandé de se détendre dans son bureau et de répéter de nombreuses fois : « Mes affaires s'améliorent chaque jour. J'avance, je progresse et je suis tous les jours plus riche... » Cette affirmation assuma la coopération du conscient et du subconscient, et les résultats ne tardèrent pas à apparaître.

Cela est un moyen unique et pourtant très simple d'imprimer dans le subconscient l'idée d'opulence. Vous qui lisez ce chapitre, peut-être songez-vous : « Moi aussi, j'ai bien besoin d'abondance et de succès. » Voici ce qu'il vous faut faire : répétez-vous, pendant environ cinq minutes trois ou quatre fois par jour : « Opulence, Succès. » Ces mots ont une très grande force ; ils représentent la puissance intérieure du subconscient. Fixez votre esprit sur elle et les conditions correspondantes se manifesteront dans votre vie. Vous ne dites point : « Je réussis » ou « Je suis riche », mais vous vous concentrez sur les pouvoirs réels qui existent en vous. Il n'y a point de conflit dans votre esprit lorsque vous dites « Opulence » ou « Succès » ; de plus, le sentiment de richesse et de réussite se développera en vous tandis que votre esprit entretiendra ces idées.

3. Le sentiment de la richesse produit la richesse

Le sentiment de la richesse produit la richesse ; le sentiment du succès amène le succès ; souvenez-vous de cela à tout instant. Le subconscient est semblable à une banque – une sorte de banque universelle ; il augmente tout ce que vous y déposez, tout ce que vous y imprimez, que cela soit bon ou mauvais.

Vous signez un chèque en blanc lorsque vous dites : « Nous n'aurons jamais assez... Il y a un manque de telle ou telle chose... Je vais perdre cette hypothèque... » Si vous êtes rempli de crainte en ce qui concerne l'avenir, vous signez encore un chèque en blanc et vous vous attirez des conditions négatives. Le subconscient interprète vos craintes et vos convictions comme des ordres et va amener dans votre vie les obstacles, les délais, la pénurie et les limitations. A celui qui a le sentiment de la richesse, la richesse sera donnée ; et la pauvreté sera le partage de celui qui en nourrit l'idée.

Le subconscient donne avec intérêts composés. Chaque matin, en vous éveillant déposez des idées de prospérité, de succès, de richesse et de paix dans votre subconscient ; laissez votre esprit s'y reposer et revenez-y le plus souvent possible. Ces pensées positives vous amèneront l'abondance et la prospérité.

Je vous entends dire : « Oh ! mais je l'ai fait et il ne s'est rien produit ! » Vous n'eûtes point de résultats parce que, dix minutes après vos affirmations, vous vous laissâtes aller à des pensées de crainte, neutralisant ainsi le bien que vous aviez précédemment affirmé. Lorsque vous semez une graine, vous n'allez pas la déterrer !

Supposons, par exemple, que vous alliez dire : « Je n'aurai pas de quoi faire ce paiement », avant d'aller plus loin que ce « Je n'aurai », arrêtez-vous et fixez votre esprit sur une déclaration positive telle que : « De jour et de nuit je suis enrichi dans toutes mes entreprises. »

4. La vraie richesse

Etre enrichi, être prospère veut dire que l'on progresse de toutes les manières en sagesse aussi bien qu'en richesses matérielles. Certes, l'argent représente la richesse, c'est un symbole d'échange, de liberté d'action, d'opulence, de luxe et de raffinement. Je ne connais personne qui déclare en avoir trop ; en toute probabilité, on en cherche toujours davantage. La plupart des gens ont l'impression que le volume de leur argent dépend de la quantité d'or qu'il y a en Afrique du Sud ou dans les coffres de la Banque de France ; d'autres vivent dans la crainte d'une dévaluation et de ce qu'ils vont perdre.

Lorsque le sang circule parfaitement et harmonieusement dans votre corps, le médecin dit que celui-ci est sain ; de même, lorsque l'argent circule librement dans votre vie, pourvoyant à tous vos besoins et avec toujours un surplus, vous êtes prospère. Par exemple, si, en écoutant la radio, vous apprenez qu'un krach vient de se produire à la Bourse et que vous en éprouviez un sentiment de peur et d'anxiété, vous vous laissez impressionner et affecter par quelques statistiques. Or, votre sécurité et votre santé pécuniaires dépendent de votre sentiment intime, subjectif, de prospérité.

Quand vous cherchez à transmettre à votre subconscient l'idée d'opulence et de succès, prenez surtout bien garde de ne jamais faire des déclarations insensées telles que : « Je méprise l'argent… L'argent est mauvais, il est la cause de tous les maux… » Une telle attitude d'esprit le fera fuir loin de vous car vous donneriez ainsi deux ordres contradictoires à votre subconscient ; l'un neutraliserait l'autre et vous n'obtiendriez aucun résultat.

Au cours des âges, l'argent a pris de nombreuses formes. Ce qui vous est vraiment nécessaire, c'est une conviction subconsciente de ce que l'argent sera toujours en constante circulation dans votre vie, pourvoyant à tous vos besoins à chaque instant dans le temps, à chaque point dans l'espace.

5. Ayez-en toujours en suffisance

L'argent est essentiel à votre santé économique et à celle de votre pays ; en conséquence, il faut que vous ayez tout ce dont vous avez besoin et au-delà. Commencez dès maintenant à croire et à déclarer que l'argent est chose merveilleuse. Aimez-le, adoptez envers lui une attitude bienveillante ; vous en aurez alors en abondance et il ne vous fera jamais défaut.

L'amour est un attachement des sentiments ; si vous n'aimez pas votre travail, votre profession, vous ne pouvez réussir. L'amour amplifie et multiplie toujours ; aimez l'idée de la richesse jusqu'à ce qu'elle prenne subjectivement corps. Pénétrez-vous profondément de ceci : **vous accroissez ce que vous aimez.** Ce que vous critiquez disparaît de votre vie.

Vous connaissez cette vérité fondamentale : lorsque l'argent circule librement dans un pays, ses finances sont saines. Faites en sorte que dans votre vie l'argent circule librement aussi, surtout dans votre attitude mentale. Croyez que l'argent est bon ; pensez à tout le bien qu'il vous permettra de faire. Devenez mentalement un courant constant de richesses, venant à vous et se répandant autour de vous en une circulation parfaite.

Si vous vous trouvez confronté à des difficultés financières, c'est que vous n'avez point convaincu votre subconscient que vous aurez toujours l'abondance débordante. Vous connaissez des hommes et des femmes qui travaillent quelques heures par semaine et qui gagnent des sommes fabuleuses, ne peinant ni ne trimant. N'acceptez pas l'idée qu'un travail accablant, exécuté à la sueur de son front, peut seul mener à la richesse et à la réussite.

Il n'en est rien ; **l'effort sans effort est le meilleur.** Faites votre travail avec amour et pour la joie que vous ressentez à l'accomplir. Chantez en travaillant ! Vous ne pourrez vous en empêcher si vous aimez vraiment votre tâche et vous êtes sûr, alors, de réussir.

Je connais un administrateur dont le salaire annuel est de soixante mille dollars et qui, l'année dernière, fit une croisière qui dura dix mois, parcourant le monde pour en admirer les beautés. Cet homme-là a convaincu son subconscient qu'il mérite cet argent. Il m'a dit que beaucoup de salariés, dans sa firme, gagnaient moins de cent dollars par semaine qui connaissaient pourtant l'affaire mieux que lui et étaient plus capables de la diriger… seulement ces hommes étaient sans ambition et sans idées.

7. La conscience de l'opulence

L'argent en abondance est simplement une conviction subconsciente chez l'individu. Vous ne deviendrez pas millionnaire en disant : « Je suis un millionnaire… Je suis un millionnaire ! » Vous développerez la conscience de l'opulence en fixant dans votre mentalité les idées de richesse et de succès.

L'un de nos étudiants, qui gagnait soixante-quinze dollars par semaine comme vendeur, est à présent directeur avec un salaire annuel de douze mille dollars. Cette transformation s'opéra en deux mois. Tous les matins, en se rasant, il se regardait dans la glace et disait : « Tu es riche, tu es en pleine réussite », et cela pendant des semaines. Au bout de deux mois, il fut tout à coup promu à la tête des quatre-vingts autres vendeurs. Lorsque vous vous rasez, vous êtes généralement détendu. Nous l'avons dit plus haut, c'est dans cet état que vous pouvez le mieux fixer une idée dans votre subconscient, par la répétition faite à intervalles, dans la foi et dans l'attente joyeuse de la réussite.

8. La loi d'abondance

Voici une question qui est fréquemment posée par les élèves de mes cours annuels : « Si j'ai besoin d'une certaine somme, disons mille dollars par exemple, dois-je me concentrer uniquement là-dessus ? » Vous le pouvez, bien sûr, et vous obtiendrez votre résultat. Toutefois, le mieux est de ne point penser à l'argent sous forme d'une somme déterminée ou particulière. Pensez-y en termes d'*abondance,* d'une abondance pourvoyant à tous vos besoins, vous procurant le bien-être et la parfaite liberté d'action. Car tout ce que vous fixez dans votre subconscient s'accroît toujours et se multiplie comme les grains de blé semés se moissonnent au centuple.

Le subconscient est régi par une loi d'abondance. La nature est prodigue à l'excès. Aussi, accroissez l'estime que vous avez de votre propre valeur. Si vous marchandez avec la vie pour quelques sous par jour, l'univers vous traitera de même. Bien des personnes ont un grand désir d'obtenir plus d'argent, mais leur subconscient est fixé sur une somme modique, limitée à leurs stricts besoins immédiats ; certes elles l'obtiennent mais, pourtant, elles pourraient recevoir bien davantage.

Voici une technique simple pour vous permettre d'**accroître votre conscience de la richesse.** Servez-vous plusieurs fois par jour de ce type d'affirmations : « J'aime l'argent, je m'en sers sagement, constructivement et judicieusement… L'argent circule librement dans ma vie ; je le dépense avec joie et il me revient multiplié de merveilleuse façon. L'argent est bon, très bon. » Cela vous aidera à adopter une attitude juste envers lui.

9. Fuyez la critique

Ne critiquez pas l'argent en disant : « L'argent est malpropre, mauvais. » Répétons-le, **vous ne pouvez attirer ce que vous critiquez.** En réfléchissant, vous comprendrez que la richesse véritable dépend de la circulation d'idées magnifiques dans votre conscient, de ces idées qui vous viennent des profondeurs de votre subconscient.

Un jeune détective qui désirait de l'argent se servit des affirmations que nous venons de donner. Un matin, il s'éveilla pris de l'intense désir d'écrire une courte nouvelle basée sur une expérience personnelle. Il se mit à l'œuvre ; les idées lui vinrent rapidement, sa nouvelle fut vite acceptée et il en écrivit alors beaucoup d'autres pour lesquelles il fut fort bien rétribué. L'opulence, pour lui, se traduisit par les ressources de son propre esprit. Le vôtre peut vous révéler une invention nouvelle, le sujet d'un livre, une pièce de théâtre, etc. Servez-vous de votre subconscient.

Un important directeur commercial de ma connaissance recevait au réveil les idées dont il se servait pour ses campagnes publicitaires. Il devint l'administrateur en chef de sa firme ; jamais celle-ci n'avait eu un pareil directeur !

Votre subconscient n'est jamais à court d'idées ; il en contient un nombre infini, prêtes à se déverser dans votre conscient afin de remplir votre portefeuille, et cela d'innombrables façons. Ce processus de votre esprit est constant, que la Bourse monte ou baisse, que le franc, la livre sterling ou le dollar perdent de leur valeur. En réalité, votre richesse ne dépend point des actions ou de l'argent que vous avez à la banque ; ce ne sont là que des symboles nécessaires et utiles, bien entendu.

Je précise que si vous gravez dans votre subconscient la conviction que vous possédez la richesse, que l'argent circule en abondance dans votre vie, vous en aurez toujours, d'une façon ou d'une autre.

10. Elargissez votre concept

Si vous pensez que la richesse dépend de votre travail ou d'heures supplémentaires, vous avez un concept limité : vous vous limitez par votre croyance. Nous sommes dans un monde de causes et d'effets ; si vous vous inquiétez, si vous vous faites du souci au sujet de l'argent, cet état d'esprit provoquera une plus grande pénurie encore. Votre attitude mentale en sera la cause, le manque d'argent en sera l'effet.

L'envie, pour bien des gens, est à l'origine des difficultés pécuniaires. La plupart l'apprennent à leurs dépens. Par exemple, si vous voyez un concurrent déposer de larges sommes à la banque et que vous n'avez vous-même qu'un maigre compte, cela vous rend-il envieux ? Pour surmonter ce sentiment, il faut vous dire : « Comme c'est merveilleux ! Je me réjouis de la prospérité de cet homme. Je lui souhaite de plus en plus de fortune. »

Savez-vous ce que vous faites en pensant ainsi ? Vous imprimez dans votre subconscient l'idée même de la richesse ! Entretenir des pensées d'envie est dévastateur parce que cela vous place dans une situation négative ; en conséquence, l'argent vous fuit au lieu de venir à vous.

Si jamais vous êtes perturbé ou irrité par la prospérité ou la grande richesse d'autrui, déclarez immédiatement que vous lui souhaitez vraiment une prospérité plus grande encore à tous les points de vue. Cela neutralisera les pensées négatives de votre esprit et, par la loi de votre propre subconscient, vous attirera une abondance accrue.

11. Attitude mentale réceptive

Peut-être connaissez-vous des personnes s'efforcant toujours de « joindre les deux bouts », qui sont aux prises avec des problèmes pécuniaires ? Avez-vous remarqué leurs conversations ? Très souvent ces personnes condamnent sans cesse ceux qui ont réussi, ceux qui se sont élevés au-dessus de la foule. Elles disent : « Oh ! celui-là ! c'est un bandit ; c'est un pirate ; c'est un escroc... » Voilà pourquoi elles restent pauvres : elles condamnent ce qu'elles désirent ! Elles critiquent parce qu'elles envient la prospérité d'autrui. Critique et condamnation sont les moyens de choix pour faire fuir l'abondance.

Etes-vous de ceux qui se plaignent de leur sort ? Vous en prenez-vous à votre famille, à vos parents parce qu'ils ne vous ont jamais aidé financièrement ? Cessez immédiatement. Apprenez que le secret de la richesse consiste à se servir convenablement de votre esprit. Toutes les ressources de cet esprit infini sont à votre disposition, cherchant à s'exprimer à travers vous, à la seule condition que vous ayez une **attitude mentale réceptive.**

Si vous vous préoccupez de quelqu'un qui, selon vous, gagne malhonnêtement son argent, ne le critiquez pas, ne vous en souciez point. Vous savez qu'il se sert négativement de la loi mentale ; cette même loi lui fera justice.

Si vous connaissez des difficultés financières, dites-vous bien que l'obstruction est dans votre propre esprit. Vous savez à présent comment la détruire. Mettez-vous mentalement en bons termes avec chacun.

En vous endormant le soir, employez les techniques que nous énumérons. Répétez le mot « Richesse » tranquillement, doucement, en le sentant bien. Répétez-le comme une berceuse puis endormez-vous avec ce mot. Vous serez stupéfait par les résultats. La richesse vous arrivera en abondance, et c'est un nouvel exemple des miracles que peut accomplir votre subconscient.

CHAPITRE V

Le subconscient et les problèmes conjugaux

Le meilleur moment pour éviter un divorce est avant le mariage. Les difficultés conjugales proviennent de l'ignorance où nous sommes de notre puissance intérieure. Il faut apprendre à s'attirer l'être qui sera le compagnon véritable. Par exemple, si vous êtes une jeune fille à la recherche d'un époux, ne commencez pas par vous énumérer toutes les raisons pour lesquelles vous ne pouvez vous marier ; dites-vous plutôt toutes les raisons qui font que vous pouvez contracter un mariage heureux. Supprimez les mots « Je ne puis » de votre vocabulaire. **Celui qui croit pouvoir peut !**

1. Visualisez l'âme sœur

Vous savez à présent comment fonctionne le subconscient. Vous savez que quoi que vous y imprimiez, cela va se réaliser dans votre univers. Commencez donc à fixer dans votre subconscient les qualités et caractéristiques que vous admirez chez un homme.

Voici une technique : asseyez-vous le soir dans votre fauteuil ; fermez les yeux, laissez-vous aller ; détendez votre corps ; soyez tranquille, passive et réceptive. Parlez à votre subconscient et dites-lui : « J'attire à moi un homme qui est honnête, sincère, loyal, bon, fidèle et prospère. Il est paisible et heureux. Ces qualités s'enfoncent à présent dans mon subconscient et, tandis que je les assimile, elles font corps avec moi. Je sais que la loi d'attraction est irrésistible et que je m'attire l'homme correspondant à ma conviction subconsciente, à mes sentiments profonds. »

Exercez-vous à imprégner ainsi votre subconscient ; vous aurez la joie de voir venir à vous celui dont les qualités sont celles que vous cultivez mentalement, votre subconscient ouvrira la voie par laquelle vous vous rencontrerez en vertu de l'irrésistible et constante loi de votre propre subconscient.

Soyez animée du désir de donner ce qu'il y a de meilleur en vous : l'amour, le dévouement... Soyez réceptive à ce don d'amour que vous avez donné à votre subconscient.

2. Une véritable union des cœurs

Le mariage doit toujours être un acte d'amour. L'honnêteté, la sincérité, la bonté et l'intégrité sont des formes de l'amour. Chacun des époux doit être parfaitement honnête et sincère.

Ce n'est point un vrai mariage que celui dans lequel l'homme épouse une femme pour son argent, pour sa position sociale ou par orgueil, car il n'y a là ni sincérité, ni honnêteté. Ce mariage n'est point une union des cœurs.

Lorsqu'une femme pense : « J'en ai assez de travailler ; je veux me marier parce que je cherche la sécurité », elle se trompe ; elle ne se sert pas convenablement des lois de l'esprit. Sa sécurité dépend de sa connaissance de l'action réciproque du conscient et du subconscient et de son application.

Par exemple, cette femme ne manquera jamais ni de santé ni d'argent si elle applique la technique indiquée dans les pages précédentes. Son opulence peut fort bien lui venir indépendamment de son mari, de son père ou de qui que ce soit. Une femme ne dépend pas de son mari pour la santé, la paix de l'esprit, la joie, l'inspiration, l'abondance, la sécurité, le bonheur... ou quoi qu'elle puisse souhaiter.

Sa sécurité et sa tranquillité lui viennent de la connaissance de ses pouvoirs intérieurs, de l'usage constant qu'elle fait des lois de son propre esprit d'une manière constructive. Se marier pour de l'argent ou pour se venger n'est qu'une dérision, une mascarade.

Un homme et une femme doivent être subjectivement unis en ce sens qu'un amour véritable, un sentiment d'union profonde doit prévaloir ; autrement dit, deux cœurs doivent être unis librement par l'amour et le respect réciproques.

Plusieurs personnes m'ont dit : « Oh ! nous nous aimons réellement, pourquoi voulez-vous que nous prenions la peine de nous marier ? » La réponse à cela est extraordinairement simple : ce que nous sentons subconsciemment, ce que nous acceptons comme vrai se concrétise et se manifeste toujours sur l'écran de l'espace. Le raisonnement de ces gens-là est donc faux et exempt de sincérité. La loi de l'esprit veut que l'extérieur soit le reflet de l'intérieur.

3. Le droit à l'erreur

Prenons le cas d'une femme (ou d'un homme) qui, en se mariant, s'est trompée de bonne foi. Elle s'aperçoit qu'elle a épousé un toxicomane qui ne peut pas travailler et elle est obligée de le faire vivre ; il est brutal et impitoyable. Il est vrai qu'elle s'est attiré cet homme par son état d'esprit ; pourtant, elle n'est point condamnée à vivre dans l'univers misérable qu'elle a créé par son ignorance. Si elle s'était servie convenablement de son subconscient, cela ne se serait pas produit. (Si vous tombiez dans une ornière, ayant glissé, il serait stupide de vous prendre à partie et de rester là. Il est bien évident qu'il faudrait vous relever, vous brosser et reprendre votre route.)

La femme dont il est question fait ses valises et quitte cet homme. Elle se rend compte que la situation est intolérable, qu'elle ne peut être condamnée à vivre avec lui alors que leurs cœurs et leurs esprits sont aux antipodes l'un de l'autre. Certes on peut lier deux êtres avec une corde, mais cependant leurs pensées, leurs sentiments et leur manière de voir peuvent être absolument opposés.

4. L'adultère est d'abord dans le cœur

Vous êtes divorcé mentalement lorsque votre esprit et votre cœur sont ailleurs. Rester ensemble dans ces conditions est de toute façon néfaste. Le mariage, répétons-le, est l'union de deux cœurs ; il n'y a point mariage lorsqu'il n'y a pas l'union dans l'amour et dans la paix. L'adultère commence dans le cœur qui est le siège des sentiments. Si vous êtes plein de ressentiment, de haine, de critique envers votre conjoint, vous avez déjà commis l'adultère en votre cœur.

C'est déjà commettre l'adultère que de permettre à vos sentiments une tendance destructive, négative envers votre conjoint. Souvenez-vous toujours que l'adultère est d'abord dans l'esprit ; les gestes physiques suivent, et ne précèdent pas les états d'esprit.

Peut-être vous dites-vous en lisant ces lignes : « Je connais deux jeunes gens récemment mariés qui se sont servis des lois mentales ; ils semblaient parfaitement heureux à tous points de vue. Ils n'en vont pas moins divorcer. » C'est que l'attitude mentale qui attire les êtres l'un vers l'autre et fait qu'ils se chérissent réciproquement doit être maintenue et consolidée pour préserver leur union. Si un désaccord se produit, si une légère discussion a lieu et qu'un des conjoints laisse son esprit se fixer sur une idée de ressentiment ou d'hostilité, il s'unit dans son esprit à l'erreur et cela détruit le bonheur conjugal.

Ce ne sont point les petites discussions, les petites querelles qui mettent en danger le bonheur d'un ménage ; ce qui le détruit, c'est le ressentiment, la rancune soutenue. Lorsque les paroles acrimonieuses sont oubliées et pardonnées aussitôt dites, il n'y a point de mal. C'est le sentiment prolongé d'avoir été froissé qui est dangereux.

Un homme qui rumine les choses dites et faites par sa femme, qui lui en veut, commet l'adultère, car mentalement il s'emplit d'amertume. S'il ne se hâte de pardonner, d'exprimer l'amour et la bonne volonté envers sa compagne, son mariage est compromis. Que celui qui est plein d'amertume et de ressentiment avale ses méchants propos ; qu'il fasse tous les efforts possibles pour être prévenant, bon et courtois ; qu'il sache adroitement éviter les différends. En s'y exerçant, en faisant un effort mental, il peut se guérir de l'habitude de l'antagonisme ; c'est alors que non seulement il s'entendra mieux avec sa femme, mais aussi avec tous ceux avec lesquels il est en contact dans les affaires. Apprenez à être harmonieux et tout s'harmonisera autour de vous et vous trouverez la paix.

5. Les inévitables querelles de couple

A présent, parlons un peu de l'épouse querelleuse. Bien souvent, elle est acrimonieuse parce qu'on ne lui témoigne pas assez d'égards. Maris, sachez être prévenants. Il y a aussi l'épouse qui veut que son mari se conforme à ce qu'elle juge bon ; c'est le moyen le plus sûr et le plus rapide de le voir fuir.

La femme et le mari doivent se garder de faire état de leurs fautes et de leurs erreurs réciproques. Que chacun d'eux recherche et fasse cas des merveilleuses qualités de l'autre.

C'est une grave erreur que de discuter de vos problèmes ou de vos difficultés conjugales avec vos ami(e)s et connaissances. Supposons, par exemple, qu'une épouse dise à une amie : « Jean ne me donne jamais d'argent... Il se conduit abominablement envers ma mère, boit à l'excès, m'insulte constamment et me traite mal. » Cette femme-là dégrade et amoindrit son mari aux yeux de sa famille et de tous ses amis ; il ne leur apparaît alors plus comme le mari idéal.

Ne parlez jamais de vos problèmes conjugaux, si ce n'est avec un conseil qualifié (psychologue, métaphysicien, médecin...). Pourquoi faire en sorte que tant de gens pensent négativement à votre ménage ? De plus, en vous appesantissant sur les défauts de votre compagnon (ou compagne), en en parlant, vous les créez en vous-même. Qu'est-ce qui pense à ces défauts, qui les ressent ? C'est vous ! Et tel vous pensez et sentez, tel vous êtes.

Les membres de la famille donnent la plupart du temps des conseils qui ne valent rien, entachés qu'ils sont de préjugés, de parti pris, parce qu'ils ne sont pas donnés impersonnellement. Tout conseil qui vous incite à violer la Règle d'or (1) – qui est une loi cosmique – n'est ni bon, ni judicieux.

Il faut se rappeler que jamais deux êtres humains n'ont vécu ensemble sous le même toit sans quelques heurts, quelques divergences, quelques moments pénibles et tendus. Ne montrez jamais le côté malheureux de votre mariage ; gardez secrètes vos querelles. Abstenez-vous de critiquer, de condamner votre conjoint.

S'il y a des enfants, que le père loue leur mère ; qu'il sache attirer leur attention sur ses qualités, sur les aspects heureux du foyer. Un mari ne doit pas s'efforcer d'obtenir de sa femme qu'elle lui soit absolument semblable, de changer sa nature ; ce manque de tact est insensé ; il a souvent pour résultat la désunion du

1. Nous rappelons à nos lecteurs que la Règle d'or est : « Faites à autrui ce que vous voudriez qu'on vous fît. » (Matthieu, VII, 12) (N.d.T.).

ménage. La fierté, le respect de soi de la femme s'en trouvent lésés et cela provoque en elle un ressentiment, un esprit de contrariété fatal à son union.

Des concessions réciproques sont nécessaires bien entendu, mais si chacun s'observe loyalement, étudie son propre caractère et son comportement, il trouvera assez de défauts à corriger pour occuper le restant de ses jours. Si vous dites de votre mari : « Je vais le transformer », vous vous préparez de mauvais jours et courez au divorce. Vous serez contrainte d'apprendre qu'il n'y a personne à changer, si ce n'est vous-même.

6. Les problèmes conjugaux

Si vous avez un problème conjugal, demandez-vous ce que vous voulez, puis prenez conscience de ce que vous pouvez atteindre votre but. Vous devez envisager vos problèmes conjugaux de la même manière que les autres. Définissez clairement ce que vous voulez, puis sachez bien que votre esprit crée ce sur quoi il se fixe.

Une femme me dit un jour qu'après trente années de mariage, son mari sombra dans la boisson, négligeant son foyer et ses enfants. Elle se mit à revendiquer la paix et l'harmonie pour son foyer et pour son cœur ; elle ne prêta aucune attention à l'état négatif apparent. Silencieusement, elle maintint son esprit fixé sur son but, sachant que son subconscient amènerait et accroîtrait ce sur quoi elle fixait son attention. Au bout de quelques mois, sa fidélité recevait sa récompense, ce qui illustre bien les miracles du subconscient.

En résistant et en luttant contre cette situation, elle n'aurait obtenu que de faire empirer les choses. Si les querelles, les contestations éclatent à votre foyer, détournez votre attention de la personnalité, des conditions, de l'ambiance et fixez-la sur votre idéal qui est l'amour, la paix et l'harmonie. En nourrissant votre esprit de ces idées, votre subconscient réagira et établira l'harmonie.

On me pose souvent cette question : « Si l'un des conjoints aspire à se séparer de l'autre et que cet autre désire aussi intensément rester uni à son partenaire, si les deux sont sincères, que se passera-t-il ? » Eh bien, il en résultera un conflit mental, ce sera « la maison divisée contre elle-même » ! Tôt ou tard cette union sera dissoute. Cependant, l'attitude mentale des conjoints peut prolonger cette situation.

Le moyen convenable de résoudre ce problème conjugal est d'élever l'esprit au-dessus de la personnalité, des circonstances, et de diriger la pensée vers votre désir véritable, vous en remettant à l'intelligence infinie qui vous habite pour vous donner la solution parfaite. Par la juste application de la loi de votre subconscient, vous mettrez l'harmonie à la place de la discorde, la paix là où règne le désarroi ; d'autre part, cette loi mettra fin à un mauvais mariage.

Ne permettez pas à l'orgueil stupide, à la colère, au désir de vous venger, de vous conduire au divorce alors qu'en réalité votre cœur appartient au mari que vous avez quitté. Que l'amour, la bonne volonté et la bonté vous ramènent vers celui que vous chérissez. En vous servant de votre subconscient, en le dirigeant convenablement, vous pouvez résoudre tous les problèmes. Si vous aviez su écouter votre intuition, votre direction intérieure, celle de la sagesse subjective qui est en vous, vous n'eussiez peut-être pas contracté ce mariage. Vous ne saviez pas vous servir de votre subconscient, à présent vous savez. Si vous avez pris un mauvais départ, vous pouvez rectifier la situation maintenant en vous servant de la technique qui vous est donnée dans ce chapitre.

En exaltant dans votre pensée, dans votre sentiment, votre conjoint, en chérissant toujours les belles qualités qui vous ont unis, vous pouvez faire de votre mariage une merveilleuse expérience, une joie éternelle.

CHAPITRE VI

Le subconscient et la direction intérieure

PENDANT un cours sur le fonctionnement du subconscient, l'un de nos étudiants déclara que la réponse à un récent problème lui était venue pendant qu'il se rasait ! C'est qu'il était, pendant cette opération, parfaitement détendu ; et c'est alors que la sagesse et l'intuition du subconscient viennent à la surface du conscient.

Cet homme, depuis plusieurs jours « travaillait » son problème. Se conformant aux instructions qui suivent, il obtint le résultat souhaité. En s'endormant le soir il disait : « Je remets ce problème à mon subconscient ; je sais qu'il en possède la solution et que je vais la recevoir. »

1. Le subconscient possède la sagesse supérieure

Dans le premier chapitre, nous avons dit que le subconscient vous éveillera à une heure dite si vous y pensez en vous endormant. C'est ainsi que le subconscient a agi en l'homme dont il est question et, possédant la sagesse supérieure, déduisit logiquement la solution de son problème et la lui présenta.

Vous remarquerez très souvent que la réponse à votre préoccupation vous apparaîtra dès le réveil ; au moment où vous êtes à peine éveillé, la sagesse du subconscient se manifeste.

Quelle est votre attitude lorsqu'un problème se présente à vous ? Beaucoup de personnes s'inquiètent, se mettent en souci ; cela ne fait qu'aggraver les choses, car le subconscient amplifie toujours ce qu'on y imprime.

2. Votre banque personnelle

Le subconscient a été comparé à une banque universelle dans laquelle vous faites des dépôts continuels. Que ce soient des gages de paix, d'harmonie, de foi et de bonne volonté, car ils seront amplifiés au millième et vous ferez une moisson de prospérité et de bonheur.

Quelles sont vos réactions aux problèmes qui se présentent à vous, à votre entourage ? Si vous réagissez par la colère, l'amertume, la critique et le ressentiment, vous déposez tout cela dans votre banque intérieure. Et lorsque vous aurez besoin de force, de confiance, de foi, vous ne pourrez les en retirer parce que ces qualités n'y auront point été placées.

Commencez tout de suite à déposer dans votre banque la joie, l'amour, la paix et la bonne humeur. Occupez-en votre esprit ; votre banque subconsciente vous versera un intérêt composé qui s'élèvera au-delà de vos rêves les plus audacieux.

3. Chassez la crainte

Lorsque vous avez à prendre une décision qui vous semble difficile ou lorsque vous n'apercevez pas la solution d'un problème, mettez-vous immédiatement à y penser constructivement. Si vous êtes craintif et inquiet, vous ne pensez pas réellement. La pensée véritable consiste à contempler tout ce qui est vrai, juste, honnête, beau et de bon aloi. La pensée véritable est exempte de crainte. La raison pour laquelle vous êtes craintif est que vous entretenez un concept faux, une fausse idée des choses.

Vous croyez probablement que les conditions extérieures, les circonstances vous dominent et qu'elles sont causatives. Souvenez-vous que c'est *vous* qui avez le pouvoir de dominer votre univers en toutes circonstances.

Voici une technique simple dont vous vous trouverez bien : d'abord, calmez votre esprit, détendez bien votre corps ; il doit vous obéir, n'ayant ni volonté ni intelligence propres (c'est simplement un disque émotif qui enregistre vos croyances et impressions). Immobilisez votre attention puis fixez votre pensée sur la solution de votre problème actuel. Essayez de le résoudre avec votre conscient, pensez à la joie que vous donnera la solution parfaite. Si jamais votre esprit s'égare, ramenez-le doucement. Dans cet état de détente, de somnolence, dites tranquillement et positivement : « Je possède la solution ; je sais que mon subconscient la connaît. Mettez-vous immédiatement dans l'état d'esprit qui sera le vôtre quand la solution parfaite apparaîtra, percevez-en le sentiment. Que votre esprit s'attarde sur cet heureux état dans la détente puis, endormez-vous. Il se peut que vous vous endormiez plus rapidement que vous ne le prévoyiez, mais puisque c'est en pensant à votre solution, vous n'avez donc pas perdu votre temps. En vous éveillant, si vous n'avez pas de réponse, occupez-vous d'autre chose. C'est probablement au moment où vous y songerez le moins que la réponse surgira dans votre esprit.

4. Ne surestimez pas votre problème

Ne pensez jamais à votre problème en disant : « Cela va plus mal. Je n'aurai jamais la réponse. C'est inextricable, sans espoir... » En faisant cela, vous inversez la loi et défaites le bien que vous avez fait. Penser à la solution active l'intelligence du subconscient qui sait tout, voit tout et possède la clé du problème.

Le subconscient a le pouvoir de créer ; de plus, il obéit aux ordres donnés par le conscient. Souvenez-vous toujours de cette simple vérité : le conscient a le pouvoir de choisir ; le subconscient, lui, exécute ce qu'on lui ordonne. Ce dernier accepte vos croyances et convictions et en amène ensuite les manifestations concrètes dans votre existence. Sa puissance créatrice est infinie.

Il y a quelque temps, je reçus un article paru dans une revue, relatant les circonstances dans lesquelles le docteur Banting résolut le problème du diabète. Il avait fait une étude approfondie de cette maladie ; une nuit, il s'éveilla avec l'idée d'extraire la substance desséchée du canal pancréatique du chien ; l'insuline, qui a soulagé des millions de personnes, était créée !

Ce qui ne veut point dire que vous recevrez toujours vos réponses pendant la nuit ou au réveil ; elles peuvent se faire attendre pendant des semaines et même des mois. Ne vous découragez pas… Continuez de proposer chaque soir à votre subconscient votre problème au moment de vous endormir, comme si vous ne l'aviez encore jamais fait.

5. Hors du temps et de l'espace

L'une des raisons pour lesquelles la réponse se fait attendre peut venir du fait que vous considérez ce problème comme étant d'une importance extrême. Peut-être aussi pensez-vous qu'il faudra du temps pour le résoudre. Ne vous attachez donc pas par la volonté.

Le subconscient est hors du temps et de l'espace. Endormez-vous en croyant que vous possédez votre réponse, que la solution vous apparaît. Ne la remettez pas dans l'avenir ; ayez une foi absolue dans l'aboutissement de votre affaire.

Soyez convaincu à l'instant même, en lisant ce livre, qu'il y a une réponse, une solution parfaite à ce qui vous préoccupe.

Voici une technique simple, venant des temps immémoriaux, pour obtenir une réponse de votre subconscient : pensez tranquillement à ce que vous désirez : la réponse à votre problème, la solution harmonieuse, la décision juste que vous avez à prendre… Le meilleur moment, répétons-le, est en vous endormant. Détendez votre corps, calmez l'agitation de votre esprit et suggérez-vous le sommeil profond. Vous commencerez à vous sentir somnolent, mais vous aurez encore toute votre conscience et serez à même de diriger votre attention. Par exemple, vous entendrez l'enfant qui pleure dans la maison voisine, ou la personne qui marche dans la vôtre.

Vous êtes dans l'état que l'école de thérapeutique de Nancy nomme la rêverie, entre le sommeil et l'état de veille. Dans cet état méditatif, vous abandonnez votre problème ou votre requête à votre subconscient ; cette transmission s'accomplira alors dans les meilleures conditions. **Vous ne créez aucune opposition,** vous ne vous servez point de votre volonté. Vous imaginez la fin, la solution, la libération. Faites cela avec une naïveté et une simplicité parfaites. Ayez une foi d'enfant, c'est celle qui crée les miracles. Imaginez-vous sans ce problème.

6. Toujours aller au plus simple

Le moyen le plus simple est toujours le meilleur. En voici une illustration. Je perdis une bague, bijou de famille auquel je tenais beaucoup. Après l'avoir cherchée partout en vain, je pris le parti de pratiquer ce que je prêche. Le soir, je parlai à mon subconscient comme j'aurais parlé à une autre personne. En m'endormant, je lui dis : « Tu connais toutes choses ; tu sais donc où se trouve ma bague et tu me le révèles. » Au matin, je me réveillai soudain avec, aux oreilles, les mots suivants qui retentissaient : « Demande à Robert ! »

Robert est notre fils, alors âgé de quatorze ans, et il me sembla bien étrange d'avoir à l'interroger au sujet de ma bague ; toutefois, je suivis la voix de l'intuition. Robert me répondit : « Ah ! oui ! En effet, je l'ai ramassée sur le trottoir devant la maison. Je l'ai mise dans mon tiroir ; je ne lui ai pas donné d'importance, elle n'avait pas l'air d'avoir beaucoup de valeur ; c'est pour cela que je n'en ai rien dit. » Votre subconscient vous répondra toujours si vous lui faites confiance.

Un de nos jeunes étudiants eut l'expérience suivante : son père passa de notre dimension à la suivante, apparemment sans avoir laissé de testament. Cependant, la sœur du jeune homme apprit à ce dernier que leur père lui avait confié avoir établi un testament donnant à chacun sa juste part. Il s'avéra impossible de retrouver ce document. Ce jeune homme, qui avait assisté au cours sur « les Miracles de votre esprit », mit en pratique ce qu'il avait appris. En s'endormant il dit : « Je remets cette requête à mon subconscient ; il sait exactement où se trouve ce testament et me le révèle. » Puis il condensa sa requête en un seul mot : « Réponse », le répétant de nombreuses fois comme une sorte de berceuse. Il s'endormit avec ce mot : « Réponse ».

Cette nuit-là il rêva et, pendant ce rêve extrêmement vivant et précis, il vit le nom d'une certaine banque de Los Angeles et son adresse. Il s'y rendit, y trouva un coffre au nom de son père, et dans ce coffre, le testament.

7. Action et réaction

La pensée que vous entretenez en vous endormant stimule la puissance latente qui est en vous. Par exemple, supposons que vous vous demandiez si vous devez vendre votre maison, acheter certaines actions, vous séparer de votre associé, aller demeurer à New York ou bien rester à Los Angeles, mettre fin à tel contrat ou en signer un nouveau. Faites exactement ceci : détendez-vous tranquillement dans votre fauteuil chez vous ou à la table de votre bureau ; rappelez-vous qu'il existe une loi universelle d'action et de réaction. L'action c'est votre pensée, la réaction, c'est la réponse de votre subconscient.

Le subconscient est réactif et réflecteur, telle est sa nature. Il rebondit, récompense, restitue ; c'est une *loi de correspondance.* Le subconscient répond en correspondant. Tandis que vous contemplez l'action juste, vous ferez automatiquement l'expérience d'une réaction, d'une réponse en vous-même. Vous vous serez servi de l'intelligence infinie qui réside dans le subconscient jusqu'au point où il commence à se servir de vous ; à partir de ce moment-là, votre action sera dirigée et menée par la sagesse de votre subconscient qui est entière et omnipotente.

Votre décision sera la bonne ; vous ne pourrez vous tromper parce que vous serez sous la contrainte subjective qui vous obligera à bien faire : je me sers à dessein du mot *contrainte* parce que la loi du subconscient est astreignante.

Nos convictions subconscientes et nos croyances dictent et régissent toutes nos actions conscientes. Le secret de la direction intérieure qui mène à l'action juste est de s'attacher mentalement à la réponse juste jusqu'à ce qu'on la trouve en soi-même. La réponse vient alors sous la forme d'un sentiment, d'une conviction intérieure, d'une forte intuition qui s'impose à nous et ne peut être ébranlée. Nous nous sommes alors servis de cette force au point qu'elle se sert maintenant de nous.

Tandis que nous agissons sous la direction de la sagesse subjective qui est en nous, il est absolument impossible que nous échouions ou que nous fassions un faux pas.

8. Ensemencez votre subconscient

Afin de nous bien faire comprendre le double aspect de l'esprit et la loi subjective qui le gouverne, représentez-vous un jardin. Le conscient met en terre la semence ; c'est lui qui fait le choix de celle qui sera plantée. Vous le savez, la terre fera pousser ce qu'on y dépose, que ce soit de la vigne ou des ronces.

La terre, c'est votre subconscient ; il contient tous les éléments nécessaires et essentiels à la croissance de la semence que vous y plantez. Sa nature, répétons-le encore une fois, est de produire sans se soucier de ce qu'elle donne ; que ce soit un poirier ou un pommier, cela lui est égal. Toutes les lois de la nature seraient violées si la terre se refusait à faire germer des plantes vénéneuses.

Il en est exactement de même pour le subconscient : il agit sans jamais argumenter, sans jamais discuter. Il accepte ce que vous déposez en lui, et vous le restitue, que ce soit bien ou mal, bon ou mauvais. Servez-vous donc constructivement, sagement, judicieusement, de votre subconscient.

9. Le choix du bien ou du mal

Je tiens à insister sur ce point important : vous recevrez toujours des directives sur ce qui occupe le plus votre esprit. Le subconscient est impersonnel et ne fait point acception de personne.

Si, par exemple, vous vous mettez à penser au moyen de mettre le feu à un certain bâtiment sans être pris sur le fait, des idées vous viendront sur l'emploi destructif et malfaisant du feu. L'énergie – ou la puissance universelle – est en soi absolument inoffensive ; cependant, il vous est loisible de vous en servir pour de bonnes ou de mauvaises fins.

Prenons, pour autre exemple, l'énergie atomique qui est aujourd'hui omniprésente ; elle aussi est parfaitement inoffensive. Vous savez bien que c'est dans l'esprit de l'homme que réside le danger. Celui-ci peut aussi bien se servir de l'énergie nucléaire pour chauffer et éclairer son foyer, que pour faire périr des milliers de personnes !

Vous recevez la direction intérieure qui s'accorde à vos pensées habituelles. Si vous pensez aux craintes, aux malheurs, aux échecs, si vous vous y complaisez, vous serez dirigé dans la mauvaise direction et il en résultera le désarroi et des désagréments de toutes sortes.

10. Il n'y a rien à craindre !

Soyez assuré de ce qui suit, pénétrez-vous en bien : il n'y a rien à craindre dans tout l'univers ! Vous avez la domination sur toutes choses par la sage utilisation de votre subconscient.

Détendez-vous tranquillement et pensez à un beau lac au sommet d'une montagne par une nuit calme et sereine. A la surface de ce lac tranquille, vous voyez reflétés les étoiles, la lune et peut-être quelques arbres voisins.

Si le lac est troublé, vous ne verrez point les étoiles ; de même, tranquillisez votre esprit, détendez votre corps. Pensez à la paix et au silence ; c'est alors que sur le miroir des eaux calmes de votre esprit, la réponse à votre question apparaîtra.

Table des matières

L'impression de cet ouvrage
a été réalisée par CLERC S.A.
18200 SAINT-AMAND-MONTROND
Tél. : 02-48-61-71-71
pour le compte des ÉDITIONS DANGLES
18, rue Lavoisier - 45800 ST-JEAN-DE-BRAYE
Dépôt légal Éditeur n° 2306 - Imprimeur n° 7107
Achevé d'imprimer en septembre 1999

Du même auteur :

Dr Joseph MURPHY :

LA DYNAMIQUE DU BONHEUR.

Miracles de la pensée positive.

Traduit de l'anglais par Ghislaine Berger.
Format 15 x 21 ; 208 pages.

Collection "**La Science de l'être**"

La pensée est matière vivante et créatrice. Une attitude mentale positive, une conviction intime et vraie se concrétisent toujours. Tout ce que nous imprimons avec force dans notre subconscient trouve son expression dans la réalité concrète. Ce que vous désirez existe déjà potentiellement en vous, sous forme d'idées, de pensées et de principes. Sachez comment imprégner votre subconscient de vos convictions qui, si elles sont fermes et inébranlables, se réaliseront. Les vraies et seules causes de l'insuccès sont la peur, l'incertitude, les croyances superstitieuses, les complexes d'infériorité, la jalousie, la haine, la condamnation de soi, l'hostilité. Les pensées négatives suscitent l'apparition d'émotions et de sentiments négatifs donnant alors naissance à toutes sortes de troubles, maladies, échecs et limitations.

Vous forgez vous-même votre propre destin ; rien n'est prédestiné car tout naît de votre subconscient et votre attitude mentale est souveraine : c'est elle qui détermine votre expérience et conditionne votre devenir. Il s'agit donc de tirer de vos profondeurs subjectives l'inspiration, l'illumination, l'intuition, la force et la sagesse. **Changez le cours de vos pensées et toute votre vie en sera transformée dans le même sens.** En apprenant les lois de l'esprit et comment utiliser les forces qui sommeillent en vous – ainsi que ce guide pratique vous l'enseigne – vous ne serez plus une victime mais un vainqueur. Les sages disaient : *« L'homme devient ce qu'il imagine et sent. »*

Du même auteur :

Dr Joseph MURPHY :

L'ÉNERGIE COSMIQUE, cette puissance qui est en vous.

Traduit de l'anglais par le Dr M. Sterling.
Format 15 x 21 ; 192 pages

Collection "**La Science de l'être**"

Vous n'avez plus de raison, vous n'avez plus le droit, d'être pauvre, malade, malheureux ou limité en quoi que ce soit. Apprenez à vous accorder à l'Énergie cosmique, cette infinie puissance qui est en vous, et vous atteindrez rapidement de nouvelles et prodigieuses possibilités.

Ce livre captivant vous révèle, de façon magistrale et éminemment pratique, le processus de la **loi créatrice de votre pensée** lorsqu'elle est au diapason de la source de toute Vie, de toute joie, de tout Amour et de toute Abondance.

Faites passer dans vos rêves les plus hardis, dans vos désirs les plus chers, le courant vitalisant de l'Énergie cosmique qui vous anime, et vous en recevrez le merveilleux accomplissement. **Une vie nouvelle vous attend !** Mettez dès aujourd'hui les principes de cet ouvrage en pratique.

EXTRAIT DE LA TABLE DES MATIÈRES :

Comment mettre à l'œuvre l'Énergie cosmique pour une prodigieuse nouvelle existence sur tous les plans :

– Comment créer pour vous richesse, abondance, jouir des bonnes choses de la vie et transformer vos rêves en réalités.
– Obtenir les réponses nécessaires pour orienter votre existence, toutes sortes de bénédictions et la protection divine.
– Comment accomplir des miracles de guérison.
– Comment faire appel à une aide toujours présente qui vous guide intuitivement et vous aide à surmonter tous les obstacles.
– Comment acquérir d'inépuisables ressources au moyen des images-pensées, développer vos capacités psychiques.

Du même auteur :

Dr Joseph MURPHY :

L'IMPOSSIBLE EST POSSIBLE !

La maîtrise de votre puissance créatrice.

Traduit de l'anglais par le Dr M. Sterling.
Format 15 x 21 ; 208 pages.

Collection "**La Science de l'être**"

Votre esprit est tel un jardin dans lequel vous semez des pensées, impressions, connaissances et croyances. Tout ce que vous gravez dans votre subconscient se manifeste dans la réalité concrète ; c'est une loi universelle. L'homme s'en prend constamment aux conditions, événements et circonstances plutôt que de regarder en lui-même et de comprendre ainsi qu'il devient (ou qu'il lui arrive) ce qu'il pense tout au long du jour. Votre santé, votre bonheur et votre prospérité dépendent, non point des événements extérieurs ni des actes des autres, mais uniquement de **la façon dont vous pensez et sentez.**

Quand l'homme découvre sa source et son essence véritables, lorsqu'il s'accorde pleinement à l'Infini Créateur, en même temps qu'il rejette les fausses croyances, les erreurs et les superstitions, il devient le véritable maître de son univers et de son chemin de vie.

Ce livre du docteur Murphy vous conduira vers l'harmonie totale avec l'Univers, sur la voie d'une véritable renaissance spirituelle, vers la prise de conscience de votre puissance créatrice intérieure, hors des limitations, des angoisses et de l'ignorance, pour faire de vous **un être nouveau, efficace et triomphant.**

Vivez dans l'accomplissement de toutes vos aspirations profondes !

« Toutes choses sont prêtes si l'esprit est prêt. »

Shakespeare.

Du même auteur :

Dr Joseph MURPHY :

LA PAIX EST EN VOUS.

Les lois spirituelles de la vie harmonieuse.

Traduit par Ghislaine Berger.
Format 15 x 21 ; 216 pages

Collection "**La Science de l'être**"

Par cet ouvrage remarquable, le docteur Murphy propose une **solution pratique à tous les problèmes qui nous assaillent quotidiennement et nous déroutent.** La sagesse ancestrale de la Bible nous est ici restituée dans un langage moderne, limpide, accessible à tous. L'auteur nous indique avec précision comment appliquer les grandes vérités bibliques à la résolution de tous nos maux : santé, insécurité, peur, culpabilité, manque.

Ce livre révèle les **techniques spirituelles essentielles** nous permettant de nous libérer immédiatement de nos tensions, de nos conflits et de toutes les fausses croyances qui nous ravissent notre paix intérieure et la joie de vivre. Il constitue un puissant antidote contre n'importe quelle détresse humaine.

Rien n'est impossible à celui qui a la foi, et ce guide vous mènera vers le bonheur et la plénitude, jusqu'à cette paix absolue qui dépasse l'entendement.

EXTRAIT DE LA TABLE DES MATIÈRES :

La lumière des hommes – Le miracle de la conscience d'être – La renaissance de l'esprit – La nourriture de l'imagination disciplinée – La paix de l'esprit – La discipline des sens – La guérison spirituelle – L'élévation de votre conscience – La lumière de la vérité – La porte de la conscience – L'esprit matérialiste et l'esprit spiritualiste – L'union avec le divin – La transformation intérieure – La prison mentale – Tout ce que vous demanderez – L'utilisation juste des lois de l'esprit – L'éveil de l'homme – La compréhension des lois de l'esprit – La divinité intérieure – L'éveil au pouvoir divin – L'esprit jamais ne mourra.

Dans la même collection :

Docteur Joseph MURPHY :

RENAÎTRE AU BONHEUR.

Traduit de l'anglais par le docteur Sterling.
Format 11 x 17,5 ; 208 pages.

Cet ouvrage vous révèle un **merveilleux processus de renaissance spirituelle.** En le lisant, le relisant et en le méditant pour appliquer ensuite les *techniques simples* qu'il conseille, vous découvrirez en vous-même une puissance insoupçonnée qui vous fera sortir d'un lit de malade, qui fera de vous un être en pleine santé, radieux et parfait. Vous y trouverez la clé du bonheur et la paix de l'esprit.

La plus grande prison qui soit au monde est celle de l'esprit. Prenez dès maintenant la décision d'être libre et de modeler votre vie selon le prototype divin. Vous apprendrez comment vous servir de cette puissance magique et curative qui pansera les plaies des cœurs meurtris, qui proclamera la liberté du captif et l'ouverture des portes de la prison de ceux qui sont enchaînés par la peur, les échecs, la misère, la douleur...
Décidez de résoudre dès maintenant votre problème, d'être prospère, d'aplanir toutes les difficultés. Marchez en avant et regardez en haut, par la puissance de Dieu qui est en vous.

EXTRAIT DE LA TABLE DES MATIÈRES :

Baptême et péché originel – Puissance curative de Dieu – Comment s'en servir – Confirmation – Faites de vos rêves des réalités – La Pénitence – Apprenez à vous garder et vivez une vie enchantée – Eucharistie, Sainte communion – Quand vous priez, les merveilles abondent – Les Saints ordres – Techniques pour l'épanouissement spirituel – Le sacrement du mariage – Extrême onction – Techniques de guérison.

Dans la même collection :

Docteur Joseph MURPHY :

COMMENT ATTIRER L'ARGENT.

Traduit de l'anglais par le Dr M. Sterling.
Format 11 x 17,5 ; 108 pages.

Vous avez le droit d'être riche ! Vous êtes ici pour mener une vie abondante, heureuse et libre. Vous devriez donc posséder tout l'argent dont vous avez besoin. Il n'y a point de vertu dans la pauvreté : c'est une *maladie mentale* qui doit être extirpée. Vous êtes ici pour croître, vous épanouir spirituellement et matériellement. Pourquoi vous contenter de peu – voire d'un minimum – alors que vous pouvez jouir des richesses de l'Infini ?

Votre destinée est contenue dans votre pensée et dans vos sentiments. Par droit de conscience, vous possédez toute chose ; la conscience de la santé produit la santé, la conscience de la richesse produit la richesse. En lisant ce livre, vous allez apprendre à vous lier d'amitié avec l'argent et en aurez ainsi toujours en surplus. En désirant être riche, vous aspirez à une vie plus pleine, plus prospère et plus féconde. C'est une *impulsion cosmique,* et cela est bon, très bon.

Le livre qui vous démontrera que rien ne vous est impossible !

EXTRAIT DE LA TABLE DES MATIÈRES :